情商高就是
会讲故事

文景
著

天津出版传媒集团

天津科学技术出版社

图书在版编目（CIP）数据

情商高就是会讲故事 / 文景著. -- 天津 ： 天津科学技术出版社，2019.6

ISBN 978-7-5576-6153-3

Ⅰ．①情… Ⅱ．①文… Ⅲ．①语言艺术－通俗读物 Ⅳ．①H019-49

中国版本图书馆CIP数据核字(2019)第050920号

情商高就是会讲故事

QINGSHANG GAO JIUSHI HUI JIANG GUSHI

责任编辑：布亚楠

出　　版：天津出版传媒集团
　　　　　天津科学技术出版社

地　　址：天津市西康路35号

邮　　编：300051

电　　话：（022）23332695

网　　址：www.tjkjcbs.com.cn

发　　行：新华书店经销

印　　刷：北京中振源印务有限公司

开本 880×1230　1/32　印张7　字数 120 000

2019年6月第1版第1次印刷

定价：42.00元

将想要传达的信息融入故事中，这种说话技巧几乎在各个领域都受到了人们的追捧。文化、艺术、企业、教育等领域，都将讲故事作为强有力的交流方式。

故事为什么会如此受人们的追捧呢？

当下，不管你是做企业、做理财、做营销，还是与家人沟通，你都会碰到各式各样"秀才遇到兵，有理说不清"的情况。有时候，不知道是因为自己词不达意，还是对方不以为意，双方常常不欢而散。

然而，生活中不乏高情商的人。他们往往通过一个故事就能缓解尴尬的局面，解决难题，赢得他人的信任和爱戴。比如那些将事业做到极致的企业家，那些在一次又一次的演讲中让无数听众倾慕的演说家，那些把学生管教得心服口服的优秀教师，还有那些把子女教育得知书达礼的好父母……他们哪一个不是讲故事的高手？当与人争辩或者想要说服别人时，他们总是能从容不迫地一招制胜，使原本桀骜不驯的人心服口服。

然而，并不是每一个人都擅长讲故事。只有那些掌握了讲故事技巧的人才能对渴望听故事的人产生较大的影响。普林斯顿大学神经学家尤里·哈森的研究结果表明，一个会讲故事的人实际上是将自己的想法、思想和情感植入听众的大脑。

讲故事是一种能力，也是一种具有强大影响力的沟通方式。它不只是一种"感觉"，更是一门"技术"！就像烹饪一样，讲故事也有它的"秘方"。

那么，怎样才能找到"秘方"，成为一个会讲故事的人呢？

本书就是一本教你学会讲故事的秘籍，你能从中学到讲好故事的技巧和方法。

我们知道，故事既有理性的一面，又有感性的一面。故事的理性标准就是那些评判故事好坏的指标，如遣词造句、文章结构、主题表达等，这些也是一个好故事所应具备的基本要素。而故事的感性方面则与讲故事的人有关，他的一举一动，他的声音魅力等，都带有一定的主观色彩，能使听众产生一定的心理效应。这些就是好故事的魅力！

本书对这两方面做出了诠释。前面几章主要讲述讲故事的技巧，从厘清双方关系、选择故事的标准、把握故事的三要素、讲述的三大步骤、如何将故事表述出来和如何征服听众的心等方面，为大家详细阐述了讲故事的注意事项和要点。第十章为读者列出了讲故事需要避开的禁忌，以免在讲故事的时候出差错。最后一章为实战演练，为读者讲述了收集故事素材的方法、需要讲故事的几种情况以及讲好故事需要养成的几个好习惯。

希望本书能帮到各位读者！让我们一起来"讲好故事"吧！

目录

第六章 攻心为上，心动的说服让人无法拒绝

第七章 动用全身的力量，让表述更具感染力

第八章 超强故事力，让你的职场、社交更顺畅

第一章

高情商+好故事，就是一流的说服力

想要说服一个人，甚至一群人，讲故事是一种不错的方式。我们大多数人都喜欢听故事。故事有着让人无法拒绝的魔力，而且有着强烈的感染力和影响力。有时候，一个故事能成就一个品牌传奇，一个故事能让浪子回头，一个故事能达成一桩交易，一个故事能让竞争对手握手言和、建立合作。总之，故事具有强大的力量，能够深深地影响和改变我们的生活。

布须曼人的"围炉夜话"

人类学家认为是"火"促进了人类的进化，因为人类一旦学会控制火，就能烹饪食物，这在根本上增大了人脑的体积。除此之外，火的出现，将一些猛兽阻挡在火光之外。人们在极具安全感的心态下，尽情欢聚。

晚上，经历了白天艰辛的狩猎和采集，人们围坐在火堆旁放松地聊天。他们会分享一些自己一天中的经历，从而互相学习如何躲避危险，并依靠团队的力量更高效地狩猎。社会人类学家认为，我们祖先"围炉夜话"的80%的内容都是讲故事。

布须曼人生活在卡拉哈里沙漠地带，以采摘类似甜瓜、坚果、种子等以及狩猎羚羊等动物为生。白天，他们寻觅食物；晚上，他们就开启自己的"故事会"模式。每当夜幕降临，布须曼人就点起火堆，开始他们延续上千年的"讲故事"时间。

通常来说，布须曼人白天的对话主要是关于"生存"的话题，比如狩猎策略、资源管理、纠纷处理等，其中只有6%的内容涉及故事。到了晚上，情况就变得截然不同了。

火光延长了一天的时间，人们围在火堆旁说说笑笑，80%的时间都是在讲故事。他们所讲的故事基本上是关于所有村民都认识的人，所发生的或滑稽或精彩的经历。

1."围炉夜话"的好处

讲故事可以给布须曼人带来一定的好处。讲故事不仅能够激发他们的想象力，使陌生的群体互相建立联系，还有助于传递有关制度、习俗方面的信息，对布须曼人的生存具有非常重要的意义。

对此，犹他大学人类学教授波莉·维斯纳有相似的看法，她认为，火堆旁的故事引起了听众的共鸣，唤起了他们的理解、信任和同情，同时可以建立起幽默、情投意合和有创意的正面形象。通过讲故事和共同讨论，人们可以了解到其他人的经历，从他人的方式中积累经验和常识，而且晚间交谈对于传达重要事项非常关键。

维斯纳教授曾和博茨瓦纳西北部布须曼人一起生活了3个月，对他们的衣食住行有深入的了解。她认为，直到现在，卡拉哈里人依然喜欢"围炉夜话"这种交流方式。

2. 现实中上演的"故事"

"围炉夜话"大约出现在40万年前，现代人仍然对故事情有独钟。事实上，不知不觉中，我们的生活已经被"故事"填满。

在学校，老师们在教学生学习知识的时候，往往会采取讲故事的方式，让知识充满趣味，从而吸引学生的注意力并帮助他们理解。

在商业上，故事的应用更为普遍。许多商界大佬都是善于讲故事的人，他们将一个故事浓缩成一个简短的广告，以此树立正面的品牌形象，令人印象深刻。比如，香水公司的广告可能会讲述一个约会成功的故事，保险公司的广告可能会讲述一个渡过难关的故事，啤酒公司的广告可能会讲述一个都市奇遇的故事，等等。虽然大家都心知肚明这些只是打动人心的故事，但是有一些人偏偏不知不觉地深陷其中，原因就在于他们在故事中找到了乐趣，将自己带入了那些浪漫的情境中。

影视业是最善于编造故事的。就像梦工场所说的那样，网络新生代忍受沉闷的耐性不会超过1分钟，因此，现在的电影、电视剧节奏快得令人目不暇接，所塑造的人物千差万别，情节曲折离奇却又串联得合情合理。这些令观众深深投入，产生认同感。可以说，当下编剧编故事的能力创了历史新高。

在这些事例中，故事无不发挥着非常重要的作用。它具有影响他人的力量，很容易被人们接受，让人产生共鸣，更能让人们对生活充满渴望和期盼。

我们都是爱听故事的人

童年时，我们常常喜欢缠着大人给自己讲故事，每天晚上听着父母讲的故事进入甜蜜的梦乡。

长大以后，我们同样会为故事着迷：一旦喜欢某部电视剧，我们就成了彻头彻尾的"追剧迷"；看电影的时候，即使旁边有一丁点儿噪音，我们也会感觉特别烦躁；明知时间已经接近凌晨，第二天还有一堆工作要处理，但我们还是舍不得放下手里的小说，忍不住又翻过一页……

为什么故事如此吸引人呢？几乎所有文化里都有故事的影子，和语言、音乐一样，它是人类的智慧结晶。人们在听故事时会产生很强的代入感，能通过故事去深思、去感悟，这也是许多历史事件以故事的形式流传至今的原因。其实，人们爱听故事有更深层次的原因。接下来，我们从专业的角度来剖析一下。

1. 从人性角度来看

人们获取知识主要通过3种途径，即体验、理解和感悟。

体验是一种较为直观的方式，相比于通过复杂的认知系统来获取知识，人们更倾向于通过体验来获取知识，因为人们天生喜欢相对具体、形象的事物，比如一个故事、一些画面、一场表演……

传统意义上，人类基于多种学问而生存，包括哲学、科学、宗教和艺术等。然而这些"高大上"的东西距离普通人相对比较遥远，因此，人们常常会调转目标，转而去寻求距离日常生活比较接近的形式，而这个形式就是故事。

故事能够以不同的形式来帮助人们整理稍显混乱的人生、寻找生活的意义。事实上，对故事的不同嗜好在一定程度上反映了个人追求有意义人生的深层需求。这不仅是一种简单的知识实践，而且是一种个性化的体验。比如，当你在听故事的时候，你体验到的是故事的意义和随着对故事情节的深入了解而产生的强烈的甚至是痛苦的情感刺激。这就是喜欢听故事的人的真实感受。

2. 从生理学角度来看

生理学认为，人们爱听故事，是因为故事本身就是一种对大脑的刺激，相关实验的研究结果也证实了这一点。

2009年，美国华盛顿大学的研究人员做了一项实验：他们对那些正在读小说或看电影的志愿者的大脑进行功能性磁共振成像。结果显示，志愿者对故事中主人公的经历感同身受。在观看主人公的经历时，他们大脑中的某些区域开始变得活跃，而这些区域正是志愿者有同样的经历时也会活跃的区域。而且，不管故事是以何种形式出现，比如纸质的小说或带有画面的电影，他们大脑的反应都是相同的。

换句话说，故事可以操控人的大脑。许多孩子在听故事的时候不时会插几句嘴，询问一些关于故事中的人物、事物的问题，这就是大脑被故事操控的一个有力的例证，也是孩子处于发育阶段的大脑的自然反应。正是出于这个原因，医学界才认为讲故事是治疗儿童孤独症（自闭症）最行之有效的方法之一。对成年人来说，讲故事也可以起到相似的作用。

人们喜欢听故事的生理基础位于大脑的相关区域，包括：位于大脑中央沟前的额叶部位，这部分区域与推理、计划、情感、问题解决以及部分言语、运动（运动皮质）密切相关；位于大脑侧间沟下方的颞叶，该部分与人的感知、辨认听觉刺激（听觉）和记忆（海马区）有很大的关联；位于中央沟后的顶叶也与故事有很大关系。

总之，从生理学的角度来看，一个好的故事可以使人的大脑变得十分活跃，让人变得兴奋、激动，并由此产生幻想、认同、反驳等一系列反应。

3. 从心理学角度来看

人们在听故事的时候，为什么会那么专注？这是因为故事能够满足人的心理需求。一般来说，人有3个基本的心理需求：安全感、认同感和刺激感。单纯的理论说教很难满足这3个方面的心理需求，

然而，故事能做到。好的故事能同时满足这3个心理需求。即使听起来很烂的故事，也至少能满足其中1个心理需求。

4. 从情感方面来看

从古至今，一些学者和专家对人类的情感最为感兴趣，他们投入了大量的时间和精力，想要将其研究透彻。大多数人类学家得出一个共同的结论：一个人的优先关注点是有规律的、分次序的，即人—实体—概念。

美国人类学家A.L.克罗伯做过一个实验。他把一张照片给10个人看，并观察他们的反应，结果他发现，这10个人无一例外优先识别和寻找的都是照片中的人，然后才去观察周边的环境、事物。由此，克罗伯认为，即使在拥有庞大信息量的环境中，人们从情感角度出发，依然会优先选择接收那些和人有关的信息。

因此，在演讲时插入一个小插曲时，如"举个例子，记得我去美国西雅图出差的时候，发生过这样一件事……"，你会发现底下观众的注意力全部被你吸引，变得聚精会神。事实上，那些情商高的人都是讲故事的高手，他们善于运用这种感性的方式来获得对方的好感，让对方认可自己、接受自己。

故事力决定感染力和影响力

很多人对广告极其排斥，对故事却不那么讨厌，甚至会有所期待。一个故事的宣传效果远远大于广告所产生的效应，这是因为故事本身是有力量的，它能感染着人们将其口口相传。故事的力量还不止这些，一个精彩的故事，不仅能使他人做你想让他们做的事，还会使他人更加信任你并主动接近你。这就是故事所能产生的巨大力量，简言之，就是故事力。

那么，故事为什么会产生如此强大而又神奇的力量呢？

1. 给赤裸的真理披上华丽的外衣

对于那些含义深刻、极富哲理的真理，一些伟大的哲学家在其前面加上"赤裸裸"这个形容词来修饰。其实，他们这么做给真理赋予了褒义的感情色彩。为什么这么说呢？

这是因为他们认为真理有两个无与伦比的优势：一个是真理是长篇大论的精简浓缩，真理看似只有简简单单的几个字或者一句话，其实浓缩了长篇大论的精华，是其最精简的概括，是无数客观事物及规律汇总后的赤裸裸的真谛；另一个是真理让所有的辩护都显得苍白无力，不管人们多么不愿意面对和承担，真理都会将人们的过失和错误在世人面前展露无遗。

然而，纵然真理有着上述引以为傲的优势，但这只是相对而言的，其实它的优势很可能成为它致命的缺点。当真理以赤裸裸的面目出现在世人面前时，几乎没有人愿意心甘情愿地坦然接受，但是若是给真理披上华丽的"故事"外衣，将真理中所蕴含的道理以故事的形式娓娓道来，人们对真理的接受度和被感染指数就会提高千倍。

有一张以保护野生动物为主题的宣传画，吸引了无数人驻足观看。画面的内容是一头出生不久的小象和象妈妈一起散步，在小象的旁边加了一段对话：

"妈妈，我长牙了！"

"……"

"妈妈，我长牙了耶！"

"……"

"妈妈，我长牙了！"

"……"

"妈妈……？"

"妈妈，你不为我高兴吗？"

刚开始，许多人没有看明白这一段话到底是什么意思，但是熟悉大象的人很清楚，在大象群体中，只有公象才会长出洁白、漂亮的牙齿。这原本是大象的一种正常生理现象，但是由于象牙可以被加工成艺术品，而且价值不菲，因此成年公象往往成为那些利欲熏心的狩猎者的目标。这就意味着，小公象从出生的那刻起，就已经成为狩猎者的猎物，因此，象妈妈宁愿小象永远都不要长出洁白的牙齿。当小象沉浸在长出牙齿的喜悦中的时候，象妈妈只能以沉默来表示自己的悲哀与无奈。

这幅画远比那些诸如"据有关资料显示，只为得到洁白的象牙，盗猎者们每年要射杀1万多头大象"的枯燥文字表述和资料更震撼人心。

2. 故事让事实更鲜活

没有故事的事实常常容易被人们遗忘，而故事能够赋予事实以生命力。当我们把事实通过故事串联起来后，事实就不会散落一地，最后消失在人们的视野中，遗失在人们的心灵之外。

比如，一张冷冰冰的陌生人物照片很难让人们一眼记住这个人，但是加上一段关于这个人的有趣经历或逸事之后，别人很容易从多张照片中将其指认出来。

再比如，2008年，四川汶川发生大地震，整个汶川地区变成了一片废墟。那是我国自唐山大地震以来震级最高、伤亡最大的一次地震，全世界都为之震惊。在一次募捐活动中，主持人讲了这样一个故事：

　　1993年，苏丹战乱不断。为了真实再现战乱中的乡村景象，一位著名的新闻摄影记者来到了一个叫伊阿德的村庄，去寻找灵感和第一手宝贵的素材。

　　在一片灌木丛旁，这位摄影师发现了一个黑人小女孩，她看起来异常瘦弱，可能是因为饥渴的缘故，已经无力行走，甚至奄奄一息。摄影师此时只沉浸在找到灵感、发现新题材的兴奋中，他开始四处寻找拍摄的最佳角度，准备拍摄一张让世人为之震惊的照片。

　　当他终于在一棵大树下选好角度，准备拍照时，一只秃鹫突然从空中俯冲下来，它用凶狠阴险的眼神觊觎着缩成一团的小女孩，仿佛下一刻就要扑上去将小女孩撕裂。摄影师迅速按下快门，拍下了这幕令人无比揪心的场景。他当时一心想要拍摄珍贵的照片，却忽视了小女孩恐惧的眼神和瘦弱无助的身影。

　　一年后，这张照片获得了普利策新闻摄影奖。摄影师上台领奖，并兴致勃勃地向人们讲述他是如何找到灵感、如何捕捉照片中小女孩恐惧悲伤的眼神的。这时，他的耳边出现了无数质疑声，人们严厉地质问："那个小女孩呢？她现在怎么样了？"

　　那一刻，摄影师所有的荣耀和光环都被内心的愧疚取代。会后，他马不停蹄地和同事一起返回伊阿德村，打听小女孩的下落，结果得知小女孩在他离开不久就因饥渴而死了。

　　世人的责备，加上内心的愧疚与谴责，使摄影师无法走出良心的阴影，他最终选择了自杀，那年他才33岁。

讲完故事后，主持人说这次募捐的主题是"拒绝欣赏苦难——怜悯之情不可无"。就是这样，通过这个小故事，现场每个人的心灵都受到了深深的震撼，他们纷纷解囊，以实际行动帮助那些处于苦难中的人们，而不是冷眼旁观。

这就是故事的力量。要知道，故事拥有无穷无尽的力量，只要运用得当，就能产生强烈的感染力和影响力，帮助我们实现自己的愿望和畅想。

一段好故事，一个品牌传奇

在这个工业高度发达的时代，许多工艺在被发明创造之后，总会有一些后来者对其进行抄袭，或者说对其进行仿效。很多时候，我们会搞不清楚，自己身上穿的衣服到底是什么材料的，自己应该选择哪个牌子的健康食品。这是个同质化极高的时代，人们为了获得较高的生活质量，不断地追求品牌，而品牌又是如何吸引人们的呢？

1. 故事成就品牌

人们迷恋品牌不仅是因为它拥有新颖的款式、过硬的质量和良好的信誉，而且是因为迷恋品牌背后的故事。一个好故事往往能成就一个品牌。

事实上，几乎所有有影响力和知名度的品牌背后，或多或少都会有一些感人的故事。

李维斯（Levi's）描绘了一个穿着李维斯牛仔裤的性感男人和一个美女的故事，之后，时尚达人们就认为，衣柜里没有一条李维斯牛仔裤，就算不上时尚。

Zippo为人们讲述了一个美国勇士与打火机的故事，于是，那些有着勇士情结的男人们，纷纷将Zippo作为随身之物。

路易·威登（LV）讲述了如何被皇家专宠、受大众拥戴和敬仰的故事，结果那些渴望变得尊贵的人们一掷千金，使路易·威登成为全世界公认的顶级奢侈品。

……

正是这些独特而又感人的故事，使一个又一个品牌成了业界的传奇。

2. 故事是最好的品牌广告

故事可以说是企业打造品牌最好的广告，不管是企业创立之初、发展期间的真实故事，还是后来被撰写成的传记，都可以作为故事的素材，让商品在众多同类产品中脱颖而出，成为受人们追捧的对象。相对来说，那些没有故事的品牌更多地沦为平庸的品牌，仅仅代表一种标识、一种符号、一个名称，因为消费者根本无法知道它的与众不同，没办法留下深刻的印象。

可口可乐公司的故事就极具代表性。

约翰·彭伯顿原来是一名美国士兵，当他在激烈的战斗中受伤时，常常依靠吗啡来止痛，最后他染上了毒瘾。许多经历多次战役、光荣负伤的战士都与他有同样的经历。

　　退伍后，约翰·彭伯顿因吸毒被送进了戒毒所，在那里，他戒毒戒得异常辛苦。为此，他想要找到一种吗啡的替代品。最后，他终于找到了一种替代品——古柯酒。它是用可卡因和酒精等原料制成的，戒毒效果良好。于是，约翰·彭伯顿很快便戒掉了毒瘾。

　　过了一段时间，美国颁布了禁酒令，古柯酒被列入禁售的范围。于是，约翰·彭伯顿对古柯酒进行了改良，经过多次尝试，他发现用糖浆代替酒也可以达到相同的效果，加入可乐果口感更好。可口可乐就这样诞生了。

　　可口可乐的成功研制不仅帮助许多从战场归来的美国战士戒除了毒瘾，还帮助一些在医院中的病人脱离了苦海。后来，可口可乐公司重新定位了可口可乐的价值，在可口可乐中加入了更多的原料，使其更适合大众的口味，成为深受普通人喜爱的大众饮品。

　　故事赋予品牌以灵魂，让商品充满生命力和感染力，自然能够感动顾客，从而在顾客当中形成口碑营销的优势。只有那些披上故事外衣的广告，才能与人们产生共鸣，人们也才能牢牢记住这个品牌，这个品牌也才能被人们熟知，广为流传。

　　因此，无论是刚起步的中小企业，还是在商界有一定知名度的大公司，想要打响自己的品牌，都要努力赋予自己的品牌一个专属的动人故事。

潜移默化：让人改变初衷

生活中，你是否有这样的经历：当你向领导、同事或者爱人、孩子阐述你的不同观点时，他们很难一下子接受。比如，你直接对领导说："您这么做是行不通的！"领导通常可能会这样回应你："做好你的工作，这件事我会处理好！"当孩子总是沉迷于电子游戏时，你严厉地对他说："不要总是玩游戏，否则会影响视力！"孩子会立刻回应你："没关系，您看我的眼睛不是好好的吗。什么都看得清！"

这时，你就需要改变方式了。故事就能起到潜移默化的作用。故事能够拉近人与人心灵之间的距离，显得更亲切，不易招致抵触，甚至能改变别人最初的想法。民间传说中，甚至出现了用故事救人的故事。

相传很久以前，在古阿拉伯的海岛上，有一个萨桑王国，国王的名字叫山鲁亚尔。有一天，国王从外面狩猎回来，发现了王后行为不端，与一名奴隶有染。他为此震怒，下令将王后和那名奴隶立刻处死。

这还远远不能消除国王的怒火，他恨王后背叛了自己，并将这种愤恨转变成对所有女人的憎恶。不久之后，他就开始了对女人的报复行为，那就是每天娶一名少女，并在初夜过后将其杀死。

从那以后，许多少女就像饱受大雨摧残的花一样簌簌凋零，而国王的残暴行径，也激起了民愤，弄得人心惶惶，怨声载道。

大家没想到的是，宰相家的大女儿竟然主动愿意嫁给国王。其实，这名女子只是在与命运赌博，为了拯救无辜的少女，帮助她们脱离无边的苦海，她只能铤而走险。送女儿出嫁那天，宰相一家人伤心欲绝，哭声不断。然而，经历了噩梦一般的夜晚后，第二天一早，极度悲痛、准备为女儿收尸的宰相竟然看到女儿笑眯眯地站在自己面前。

这就是著名的民间故事集《天方夜谭》的开头部分。这个故事中的女子名字叫山鲁佐德。山鲁佐德为什么能够让残暴的国王改变初衷，并得到感化呢？

原来山鲁佐德是一个聪明至极的女子，她懂得运用讲故事的策略。让我们看看她是怎样让国王改变初衷的。

山鲁佐德进宫后，就请求国王允许自己和妹妹做最后的道别。国王同意了，立即将她的妹妹宣入宫殿。山鲁佐德的妹妹根据与姐姐事先的约定，向国王提出"希望最后一次听姐姐讲一个有趣的故事"的请求。在好奇心的驱使下，国王便允许了山鲁佐德讲故事，他便落入这对机智的姐妹为他准备的"陷阱"中。

从那以后，山鲁佐德每天晚上都给国王讲一个故事。比如《阿拉丁和神灯》《阿里巴巴与四十大盗》《航海家辛巴达历险记》……这些故事无一不是充满神秘感，富有趣味和想象力的。她还非常注意讲故事的策略，每天晚上都只讲故事的开头和中间部分，在故事达到高潮时戛然而止。这让国王十分好奇故事的结局，等着第二天听故事的结局，这吊足了国王的胃口。

正是这样，山鲁佐德通过一个个包含人间喜怒哀乐、成功与失败以及充满人生智慧和教训的故事，使国王原本扭曲的心灵渐渐趋于平静。此后，他开始施行仁政，使得整个国家更加繁荣昌盛。

事实上，不管是传说故事，还是现实中的真实故事，都有使人改变初衷的魔力。很多人通过讲故事，使别人的观点从"不"变为"是"，从而获得了事业上的成功。

很多时候，我们想要影响别人，使别人按照自己的想法来做事，就不能采用强行推进的策略，选择讲故事则是采用了回拉的策略。用故事去展现影响力，会产生更大的影响力，而影响力是改变他人行为的力量之源。

有人认为，影响者和被影响者是在玩一种零和游戏，也就是在严格的规则下，参与的一方有赢有输，一方赢了，就意味着另一方输了。故事则绕开了这种非此即彼的较量，它倡导双方平等，实现

共赢。

正面对抗的影响方式遵循一条物理定律：每一种作用力，必然有一种与之等量齐观的反作用力。只要有推力，就会有反推力。而故事所产生的作用力，是拉力，它不是个人利益的竞争，而是个人利益的会合，是一种借助被影响者的力量来发挥作用的影响力。这种影响力符合武术中合气道的原理。合气道是一种"以巧制胜"的武术，不崇尚主动出击，如果对抗实在难以避免，就将对手的力量引导到对自己没有威胁的方向，甚至借助对手的力量来攻击对方。比如，当对手抓住你的胳膊的时候，你不要试图挣脱，而要顺着他的力道侵入，扰乱他的平衡，使力朝另一个方向转移。

以不逃脱的姿态逃脱，以不影响的态度影响，最终让人们改变初衷，这就是故事的影响策略。它的影响方式深入人心。我们可以汲取动力之源，形成自己的力量，而不是直接强行推进。

第二章

厘清双方关系，让故事更有针对性

讲故事之前，要厘清双方之间的关系。尤其是讲故事者，如果不能事先了解对方，找出对方的需求，讲的故事就没有针对性，很可能陷入对牛弹琴的局面。

因此，首先要明确对方的身份、习惯、爱好、性格等真实情况，在短时间内，通过对方的衣着、谈吐做出初步判断，再通过适当的话术破解对方的真实需求，从而讲出一个让对方感兴趣的故事。

3个定位：身份、关系、目的

由于每个人的个性和做事风格迥异，所以我们除了了解说服对象的性格外，还要了解对方身份的基础信息，包括职位、背景、家庭状况等，这样，我们的说服才能有的放矢。

然而，现实情况往往是我们根本没有足够的时间去了解对方详细的个人情况，这就需要我们在3秒之内抓住对方的真实需求，同时调动起一切感知能力，快速定位双方的身份、关系，明确双方的目的。

1. 定位双方的身份和关系

定位双方的身份和关系，看似简单，其实很难把握。因为这个定位不是一成不变的，它会随着环境和情势的变化而变化。

假如你是一个销售员，想要向消费者推销商品，那么，你会怎么定位你们的身份和关系呢？将你定位成推销产品的人？将客户定位成买东西的人？千万不能这样定位，因为这样的定位很难说服顾客购买你的产品。

在见到顾客的时候，你首先要进行观察，根据观察的结果对顾客做出准确的定位。如果你发现顾客对你的产品没有表现出过多的兴趣，那么你可以以朋友的身份来与他进行交流；如果你发现顾客非常关注产品的实用性，那么你可以化身为专家，为顾客答疑解惑，并为他介绍产品的更多优点……

因此，想要清楚地定位讲故事之人和听故事之人的身份与关系，仅需两步。

第一步，快速了解对方，大致弄清楚他的喜好和兴趣。

第二步，从对方的喜好和兴趣出发，来准确定位自己和他的身份与关系。

2. 明确自己的目的和对方的目的

进行了身份和关系的定位以后，我们还需要明确双方的目的。我们自己的目的很简单，就是说服对方。而对方的目的（需求）我们往往无从知晓，这就需要通过一定的方式来获取。反问就是一种较好的了解对方目的的方式。通过反问，我们能更多地了解对方，从而找到对方排斥的原因，变被动为主动，实现自己的目的。

每个人都被一些欲望驱动着。这些欲望反映了人们的需求，也为人们提供动力（积极性）。一个有影响力的好故事，就是要将别人的动力与自己的目标结合起来。用通俗的话来说，就是试着让对方"上钩"，然后将他们"钓"上来。故事就是最好的"诱饵"。

如果鱼不上钩，我们能去责怪鱼吗？不能！我们只能去找更好

的诱饵。那么，什么是好的诱饵？人们想要什么？其实大多数人都不知道。

如果将人们的"愿望清单"解剖至核心，我们就会发现，它们看起来都差不多。那些精于讲故事的人都知道这一点。如果你想要影响他人，就要利用别人的动力，最佳的诱饵就是大家都想要拥有的东西。如果你的故事能接近人类需求的核心之一，你就已经拥有了非常好的"诱饵"。

3秒破解对方的真实需求

讲故事的目的是说服。想要说服，就不能盲目行动，而是要抓住对方的需求点。越快抓住对方的需求点，就越容易成功说服。那么，如何才能快速找出对方的需求点呢？3秒钟的时间能不能看出对方的真实需求？

也许你会说："3秒钟的时间太短了，怎么可能看出一个人的心思？"然而，现实生活中，你获得信息的时间往往只有3秒。比如，你的领导交给你一项不可能完成的任务，你难道需要考虑3天时间然后再说服他改变自己的决定？如果顾客来你的服装店买一件衣服，试穿之后感觉那个颜色不适合他，你就需要在第一时间说服他购买，否则你很可能会失去这个顾客。

因此，讲述者首先应学会在短短的3秒内看出对方的真实需求。

然而，很多时候，我们可能会受到第一印象的影响，做出错误的判断。也许你认为某个人看上去很不友好，即使你只是刚认识他，对他根本没有深入的了解。你也可能会认为某个人气宇不凡，尽管他的五官很普通……这其实都是第一印象在作祟。

这在心理学上被称为"锚定效应"。

1957年，美国心理学家洛钦斯曾做了一个著名的实验：他让两名学生来做30道题目，并告诉他们只要做对一半题目就行了。结果A学生做对了前面15道题目，而B学生做对了后面15道题目。最后，洛钦斯让其他人对这两名学生进行评价，看看哪个学生更聪明。结果显示，70%的人认为A学生更聪明。

为什么会出现这样的情况呢？这是因为大部分人的思维容易被第一信息影响，这就导致他们的判断趋向于第一信息的来源。这就是心理学上所说的"锚定效应"。"锚定效应"说的是人们在做出决策、做出判断时，思维往往会被所获取的第一信息左右，这些第一信息就像沉入海底的锚一样把思维绑定在一个固定的地方。

我们在说服一个人的时候，千万不能局限在这种"锚定效应"中，而应在那短短的几秒内，做好充分的准备，抓住细节，客观地找到对方的真实需求。只有这样，我们讲的故事才能有针对性。那么，从哪些细节可以发现对方的真实需求呢？

1. 破译对方的语言密码

3秒钟的时间虽然很短，但是足够我们从对方细微的语言中解读出他的心理需求。

比如，在正式场合发言前清喉咙的人，通常内心极度紧张或者不安，甚至可能带着焦虑的情绪，这种人需要被安抚；有的人在发言前故意清喉咙，则具有警告对方的意味，以此表达自己的不满情绪，这种人需要的是你的配合。如何区分这个人是否是故意清喉咙，则可以从他的面部表情观察到蛛丝马迹：通常，警告别人的人面部比较严肃，而不会有脸红等紧张不安的表情。

再比如，一个人说话支支吾吾，大多数时候是不诚实的表现，或者有心虚的成分存在，这种人需要的是信任；一个人说话语速平和，说明他的内心多半是平静的，这种人需要的是倾听；而说话模棱两可的人，极有可能心中有疑虑，这种人需要的是肯定。

通过破译对方的语言密码，我们可以快速了解对方是一个什么样的人，他此刻处于什么样的心态，这样，我们的说服才会有的放矢，也能让双方的互动变得轻松愉快。

2. 从不经意的微动作发现对方的需求

除了外在形象、语言等，我们还可以通过对方的微动作和行为来看出对方的心理状态，抓住他的需求。打个比方，当我们向顾客推销产品的时候，或者向领导解释工作方案的时候，对方常常会出现一些小动作。下面的几个小动作都代表了一个共同的含义——拒绝。

（1）歪坐在椅子上。

（2）不耐烦地眨眼。

（3）小幅度地抖腿。

（4）用手摸鼻子。

第一种情况，对方表现得比较高调。他以这种高调的坐姿显

示出他对你的说服或者对你的展示极其不耐烦。第二种情况的人多半是内敛性格的人。他无法让自己正视你，又找不到合适的方式来逃避，因此只能通过频繁眨眼来化解尴尬的处境。第三种情况的人的性格与第二种情况的人有很大的不同。他的这种坐姿虽然显得很自信，但是不时地抖腿反映出他烦躁的内心。第四种情况比较复杂。摸鼻子的动作，表明对方不接受你所说的话。同时，我们还要注意这个动作的小细节。比如，若对方的手指抵住鼻子的侧面，则仅仅表明他有所怀疑；如果他用手指不断地摩擦鼻子，则直接表示拒绝。

除了这些微动作，我们还要特别注意对方的脚。脚是人们最不会注意的部位，是隐藏最深的部位，但脚的动作往往能够更准确地表达出对方的真实心意。美国心理学家索玛通过实验研究发现，在社交中，人们在拒绝对方时，首先会从脚的微动作中表现出来。例如，当一个人在拒绝对方的时候，他的脚常常会在桌子底下不停地摇摆。

读懂对方语言和微动作背后的真实想法，不仅有利于我们及时改变说服策略，而且能大大节省说服对方的时间。

讲故事要投其所好

2014年德国慕尼黑的一份研究报告指出，人们更容易接受自己喜欢或者与自己相似的人提出的要求与建议。这就提醒我们，在与人交往时，我们要学会察言观色，观察对方的穿衣打扮、言行举止等，以此了解对方的喜好和兴趣。接下来，我们就可以投其所好，拉近与对方的距离。这样，我们才能较快地说服对方。

在某汽车营销公司的培训课程中，营销人员被要求与对方"气味相投"。比如，发现对方的汽车里有登山露营的工具，那么汽车销售员可以这样与他套近乎："我也喜欢爬山，非常有趣和刺激……"接下来，销售员为对方讲述一件爬山中遇到的好玩的事情，就能拉近与对方的距离。

找到与对方的相似性，就能很容易地说服对方，这就是"投其所好"。这种方式不只适用于营销中，而且适用于生活中的任何说服场景。

然而，很多人利用这种方式说服的时候，往往会走入"投射效应"的怪圈。

1. 不要走入"投射效应"的怪圈

"投射效应"，是心理学上的一个名词，指的是将自己的特点归因到其他人身上的倾向。有的人在对他人产生认知时，认为别人和自己具有某种相似的特性，喜欢把自己的感情、意志和特性强加于人，这是一种推己及人的认知障碍。

比如，一个人勤奋好学，他就认为别人也是勤奋好学的；一个人工于心计，他就会认为别人也善于玩心眼；等等。

"投射效应"让人们倾向于以自己的标准对他人产生第一印象，而不是根据真实情况来进行认知，这就导致严重的认知心理偏差。事实上，生活中的很多人都存在这种认知偏差。这种"自以为是"往往会适得其反。

1964年的某天，刚从海军学院毕业不久的吉米·卡特遇到了时任海军上将的里·科弗将军，科弗将军让卡特谈谈关于自己的事情。为了赢得科弗将军的好感，卡特开始自豪地谈论起自己在海军学院的优异成绩，他告诉科弗将军，自己在820名毕业生中成绩位列第58名。

卡特原本以为科弗将军听完这些会对他刮目相看，至少会表扬自己一番。但迎接他的是科弗将军生气的质问："你一定没尽力，为什么不是第一名？"这句话让卡特愣在原地，不知该怎么回答。

在说服对方的时候，我们需要以对方为出发点找出他的需求，而不是想当然，以自己的标准来认知对方；否则，即使我们讲的故事再动听，也无法说服对方。

2. 说服需遵守马斯洛五大需求

美国著名人际关系学大师卡耐基有一句名言："天底下只有一种方法可以促使他人去做任何事——给他想要的东西。"有关激励的理论告诉我们，未得到满足的需求是产生激励的起点。因此，在说服别人之前，我们一定要先发现对方的需求。对方的需求一旦被满足，他自然会乐于接受你的建议。

那么，对方的需求都有哪些呢？

美国著名社会心理学家马斯洛将人类的需求按从低到高的层次分为5种，分别是生理需求、安全需求、社交需求、尊重需求和自我实现需求。

我们只有找到对方的需求，才能对症下药。

19世纪末，著名发明家爱迪生在发明电灯泡的过程中，由于资金匮乏，不得不寻求摩根财团的帮助。经过一番游说，摩根财团最终答应为爱迪生的发明注资。

摩根先生是怎么被说服的呢？首先，当然是电灯泡这种新产品打动了他，但是让他最终付诸行动的是爱迪生所描绘的画面："摩根先生，据我了解，您十分疼爱您的小女儿，圣诞节马上就要到

了，您打算送给她什么礼物呢？和以前一样，还是送给她一堆洋娃娃吗？试想一下，在圣诞节那天，如果您送给孩子一棵圣诞树，上面挂满了亮晶晶的小灯泡，它们就像天上的星星一样闪烁。圣诞树下，驾驶着麋鹿雪橇的圣诞老人，伴随着闪烁的星光来到小姑娘面前，捧出一大堆礼物……"

爱迪生描绘的这幅美好画面，打动了摩根先生。他和家人不仅喜欢爱迪生的发明，还从中发现了新的投资机会。

爱迪生正是因为发现了摩根先生多方面的需求，才在说服中加入一个美丽的画面，最终使电灯泡的发明得以继续。

用"巴纳姆效应"打开对方的心扉

2015年，深圳交警发布十二星座闯红灯数据。数据显示，在多次闯红灯被查的99人中，处女座的人最多。这一则爆炸性新闻掀起了一阵讨论的热潮。有的人不禁感叹："处女座被黑得都不敢过马路了！"也有人对此不服，认为处女座的人都很谨慎，很少有人闯红灯。

不管深圳的交警真的是星座迷，还是只是通过这个娱乐化的方式来宣传交通规则，星座在人们心目中的影响力都不容小觑。

在社交中，许多人以"你是什么星座"打开话匣子。打开微信朋友圈，这样的分享常常映入眼帘："恋爱中最舍不得放手的星座""十二星座不回你微信都是有原因的""伤不起的××座"……即使你不了解星座，认为星座的说法纯属无稽之谈，但是处在这样的环境中，你也常常会被"扫盲"一些星座"知识"。

国内一家网站的调查显示，有47.5%的人经常会关注有关星座的信息，29.7%的人觉得关于星座的话题很有意思；只有1.48%的人对星座不太感兴趣。

这就说明，"巴纳姆效应"对大多数人都产生了影响。

1. "巴纳姆效应"的来源

"巴纳姆效应"又称"福勒效应""星相效应"，源于心理学家伯特伦·福勒于1948年对他的学生所做的一个人格测验。

伯特伦·福勒给每个学生都发了一个个人分析测试结果表，要求学生们对测验结果表中的情况与个人自身特质的契合度进行评分，最低为0分，最高为5分。

事实上，福勒发给每个同学的测试结果表都是相同的。内容如下。

（1）你渴望被别人喜爱，但是对自己却吹毛求疵。

（2）虽然人格有些缺陷，但是整体而言你能找到办法弥补。

（3）你拥有可观的可被开发的潜能，但潜能未转化成你的优势。

（4）你看似强硬、严格自律，内心实则充满不安和忧虑。

（5）大多数时候，你会质疑自己做的事情是否正确或者做出的决定是否合理。

（6）你倾向于让自己的生活有所改变，变得丰富多彩，一旦受限会感觉不满。

（7）你为自己是一个独立思考者而骄傲，并且不会接受那些没有充分证据的言论。

（8）你认为对他人过度坦率并不是明智之举。

（9）有时，你看起来外向、有亲和力；有时，你又十分内向、谨慎而沉默。

（10）你内心的一些抱负看起来相当不切实际。

经统计，最终学生们给出的平均评分是4.26。在试验结束之后，福勒才告诉学生们，其实那些测试只是摘抄自星座与人格关系的相关描述中的部分内容，都是一些比较宽泛的结论，几乎适用于所有人。

这是一种经试验证明的心理学现象，即人们常常认为一种笼统的、大众化的人格描述能够十分准确地揭示出自己的特点。于是，当听到别人用一些普通的、宽泛的、指代不明的形容词来描述一个人的时候，人们往往很容易就接受这些描述，并产生很强的代入感，认为他所描述的就是自己。

正如美国一位著名的杂技师肖曼·巴纳姆评价自己的表演时所说的那样，他之所以很受欢迎，是因为他的表演节目中包含了每个人都喜欢的成分，他使得"每一分钟都有人上当受骗"。20世纪50年代，福勒的实验结果被正式命名为"巴纳姆效应"。

2. 运用"巴纳姆效应"讲故事

在了解了"巴纳姆效应"之后，我们在讲故事时该如何运用它呢？最重要的是，要善于引用一些宽泛的、大众化的词语和信息。也就是说，要用一些例行话题让对方主动靠近你，在不经意间暴露

其需求。

当你想要说服一位经济独立的白领女性时，你可以这样打开话匣子："我有个闺密和你一样，在工作中非常有上进心，能力也很强。看得出你们都是既时尚，又喜欢充实自己的人。但是，我就是觉得你们压力太大，都没时间出去旅游、谈恋爱……"这里面包含很多符合"巴纳姆效应"的关键词，比如"有上进心""能力强""时尚""压力大"等，这些词其实对所有的白领女性都适用。

当你想要说服一位看起来很悠闲的老人时，你可以这样开始讲述故事："我认识一位儿孙满堂的老人，他衣食无忧，儿女孝顺，享尽了天伦之乐。如今，他看起来一副安享晚年的幸福模样，其实当年为了养育孩子，他吃了不少苦呢……"这里运用了"儿孙满堂""衣食无忧""吃苦"等关键词，能够轻易打开对方的心扉，使他产生共鸣。

从这些例子中，我们就可以看出"巴纳姆效应"在讲故事中应用"例行话题"的魔力。当它被有针对性地只对某一个人说起时，对方一定觉得我们比较理解他，因而会对我们格外信任，甚至会主动向我们透露更多细节需求。当然，对于不同的人，我们要准备不同的说辞。

叙事观点：视角不同，效果不同

一些传授讲故事技巧的书籍常常把"叙事观点"放在前面来讲述，并认为这是讲故事的人需要解决的首要问题。这是非常有道理的，因为采用不同的观点来讲述故事，会产生不一样的效果。下面，我将讲述3个叙事观点及其产生的不同效果。

1. 第一人称观点

第一人称观点指的是用"我"来讲述。故事可能是自己的亲身经历，也可能是从故事中的其中一个角色的内心出发来模拟他的口吻讲述。故事发展都属于"我"的所见所闻、所知所感。

用"我"作为叙事观点，从"我"的视角出发，可以比较详细地描述个人的观察所得和心理感受，听众也很容易被带入故事，产生共鸣和同理心，但是会产生一定的局限性。因为一旦剧情需要，我们就必须离开"我"的视野叙事，这使得交代起来显得不太自然，常常需要从此时此地跳开，比如"许多年以后，我才明白……""两年之后，我们再次重逢时，她才告诉我……"

用第一人称观点讲故事，还要处理叙事动机和故事对象的问题。比如，讲述一个"我的妈妈"的故事，你为何讲述？要讲给谁听？没有讲述的那部分呢？其实这些都可以引起想象力，它们属于"故事之外"的故事，对想象力丰富的人来说，这部分内容或许更有趣。

这就好比那些电影，总是用近镜头去拍摄那些特写场景，而在镜头之外同样发生了很多事情。

因此，一些故事就会运用这种镜头内外交叠的技巧和多重视角使用第一人称观点。

2. 全知观点

全知观点是假设讲故事的人知道了故事的所有细节，知道了故事里所发生的一切事情，然后挑选其中最重要和最有趣的观点来讲述。运用全知观点来讲述故事，我们可以交代故事里的所有细节，并且没有时序的限制。如果故事情节繁杂，全知观点几乎是不二之选。如果说第一人称观点的优点在于运用主角的感觉和变化去推动故事情节向前发展，全知观点的优点就是运用故事情节的一点点向前推进来演活角色，使角色受到听众的喜欢和认同。

虽然故事中也有故事主角，也是以核心事件作为主轴来展开故事，但是这种广角镜头式的叙述跟听众的距离比较远，听众不容易感受主角的心态。

此外，运用全知观点来讲述故事，有一定的负担。因为讲述者要表现出什么故事细节都知道，就要对如何讲出故事负责，听众的心理期待比听第一人称观点的故事还要高。而用第一人称观点去讲故事的时候，我们可以大胆抒发内心的感受，这就很容易感染听众。即使我们在叙事过程中出现一些偏见和谬误，听众也会自然地去判断，因此会产生情绪反应。我们还可以故意设计一些故事情节和主观感受，只要能将故事情理关系说清楚，就算听众没有完全认同，听众也会因为距离较近，而容易代入同理心。

下面，我通过一个简单的例子来具体说明一下两者之间的不同。

在一个风雪交加的夜晚，因为汽车抛锚，我被困在郊外。当时，我的心里万分焦急。一个骑马的男子路过那里，见此情景，二话不说就用马将我的汽车拉到附近的小镇上。

对此我十分感激，并希望能做些什么来表达我心里的感激之情。当我拿出一沓美钞对他表示酬谢时，这位男子说："我不需要回报，但是希望你能给我一个承诺，在别人遇到困难的时候，你要尽力帮助他。"

于是，在以后的每一天，我都会主动帮助那些有困难的人，并且每次都不忘向被帮助者转述那句同样的话……

如果我们只是简单地将上面故事中的"我"换成"他"或者"某某"，那么听众对整个故事后续进展的期待可能会不一样。

上面的故事是用第一人称来描述的，这很容易使人产生共鸣，

他们会将自己代入，思考"我"会如何解困？"我"有没有危险？后来"我"的善举有没有被传承下来？

如果运用全知观点来讲故事，听众会期待这个片段是和故事的后续发展有明显关系的，也很容易联想到"他"或者"某某"会因为自己的善举给自己带来什么结果。然而用全知观点讲故事的人不可能世事洞明，他也有知识上、感知上、时空上的限制，只能依赖自己讲故事的能力来让听众投入。

而用"我"来叙事，相对来说比较易于掌握，但是，当故事情节发展迅速、人物交代反复，又需要不时地交代"我"的看法和感受时，故事就容易变得拖泥带水，失去吸引力。

3. 第三人称观点

第三人称观点介于第一人称观点和全知观点之间，以"他"为主角来讲述故事，以"他"的心态和行为的转变作为故事的主轴，在故事需要时，可以将"他"所不知道的事情交代清楚。总之，以第三人称观点来讲述故事，视角比全知观点狭窄，又比第一人称观点广阔，缺点是不好操控，如果将技巧和其他两种弄混淆了，听众就会感觉十分混乱。

用第三人称观点来描述一个故事，可以混合第一人称观点和全知观点的优点，同时规避两者的缺点。

第三章

好故事有标准，听听高情商的人怎么说

我们想要吸引人、影响别人、说服别人，就要讲出一个好故事。什么是好故事呢？一个好故事需要具备几个标准：有内涵、有创意，情节曲折起伏、扣人心弦等。

只有具备了这几个标准，讲出来的故事才会有灵魂、有深度、有趣味，让听众深信不疑，深深地被故事吸引，自然也会被我们所表达的观点折服，从而做出我们希望他们做出的行动。

有内涵、有创意是好故事的前提

　　每一个成年人或多或少都会讲故事，但是讲故事的效果有很大不同。有的人讲的故事令人耳目一新，可以很快吸引他人的关注；有的人讲故事的时候，别人早已昏昏欲睡；有的人故事还没讲完，别人就已经猜到了结尾。

　　其实，讲好一个故事并不容易，需要有出色的技巧，但最重要的还是故事要有创意、有内涵。

1. 创意、理念成就故事力

　　1991年夏天，著名的苹果产地——日本青森县连日来遭到了台风的猛烈袭击，在台风的肆虐下，90%的苹果都没能经受住考验，纷纷落在了地上。农民们失望极了。

　　这时，有一个人想到一个好点子，他将在强力台风中幸存下来的苹果命名为"状元苹果"，进行售卖。这种苹果虽然比普通的苹果要贵上数十倍，但是由于其特殊的寓意，许多人将其作为礼物送给考生。因此，"状元苹果"上市没多久，就被抢购一空。

这个故事淋漓尽致地展现了讲故事的核心——理念。给普通的苹果赋予状元的理念，就能使其显得与众不同。

电影《功夫熊猫》曾风靡全球，它的诞生过程，其实也是一个非凡创意理念诞生的过程。

在电影制作之前，导演一直想拍一个有关熊猫的故事。而熊猫是中国的国宝，因此，这部电影一开始就瞄准了中国市场。

但是如何才能制作出一部叫座的好电影呢？熊猫的形象已经深入人心，况且中国也拍摄过一些关于熊猫的电视和动画片，这就需要一个好故事来渲染电影。

一开始，编剧们设计了多种熊猫的形象，但是无一例外都是一幅憨态可掬的可爱形象。导演认为这只是一个大家都认识的熊猫，故事也是老掉牙的故事，于是要求编剧们重新设计熊猫的形象和剧情，并要求形象要具有颠覆性，剧情必须充满故事性、趣味性和意外性。

有一个人在某个时刻忽然灵光一闪，想出了将中国的两个著名的元素——熊猫和中国功夫——结合起来的点子。这直接促成了《功夫熊猫》的诞生。于是，人们在电影院看到了那个喜欢耍宝、身手不凡的另类熊猫。无论是动漫形象还是故事，这部电影完全颠覆了人们以往的认知，可以说是脑洞大开。

这最终使得这部电影在全球大卖，尤其在中国市场，更是受到了人们热烈的追捧。

这就是创意故事的魅力。如果想要获得他人的好感或者重新塑造形象，我们就要灵活地运用故事。如果需要推广差异化的创意理念，我们就可以将其植入感性的故事中，这能大大地提升产品的价值和形象。

2. 将创意、理念融入故事

创意、理念是故事的灵魂，故事就来源于此。那么，创意、理念到底是什么？如何才能抓住它们，并将它们融入故事中呢？

一般来说，创意、理念是指作品、产品、演出、活动中所呈现出来的想法。将所要传达的核心理念作为骨骼，并辅以与之相对应的故事作为血肉，就是讲故事的过程。

要想找出创意、理念，首先要确定目标，这样可以帮助自己把握方向。接下来，就要对接受信息的对象进行彻底分析。

如果能够讲出整体信息相互紧密联系、符合听众需求、创意理念崭新独特的故事，成功就近在眼前了。

3. 讲故事的5个核心关键点

确定故事理念后，就到了构建故事情节的环节。通常来说，只要掌握了讲故事的5个核心关键点，你就能成为会讲故事的人。

（1）投入足够的热情。如果在说服对方的过程中缺乏热情，对方就不会被你带动和触动。在讲故事的时候，你投入足够的热情，就能够点燃对方的激情，他的反应就会有所改变。

（2）塑造英雄的形象。所讲的故事中必须有英雄，即解决困难、化解纠纷的人。这个英雄可以是讲故事的人，也可以是其他人。

（3）要有对应的坏人。故事中必须有专门制造障碍的坏人形象出现。平淡无奇的故事难免索然无味，只有制造出难以克服的障碍和难以预料的事件，才能使故事情节曲折，充满悬念。坏人的存在能将那些克服困难、与恶势力做斗争的英雄形象衬托得更加高大。

（4）加入自己的感悟。故事必须要体现出相对应的思想和感悟，这样，对方才能改变自己对人生的视角，从而留下深刻的印象。

（5）有一些感动和变化。克服重重困难终于走向成功的英雄故事，往往能够激发人们"一定要改变自己"的想法。

情节扣人心弦，让听众欲罢不能

几乎没有人不喜欢看电影、听八卦故事，一旦进入状态，常常会聚精会神、两眼放光。其实真正吸引他们的，往往是那跌宕起伏的故事情节，是那充满纠结、矛盾的故事冲突。少了这些细节，故事的精彩程度和吸引力将大打折扣。

正如社会学家丹尼·史密斯所说："如果灰姑娘没有被继母和姐妹虐待，没有丢掉那只水晶鞋，整个故事就不是《灰姑娘》了；如果电影中的人物关系一直很平顺，没有误解和仇恨，没有厮杀和叛变，电影就会变成平淡无奇的生活纪录片。"

《洛奇》是一部令人无法抗拒的戏剧性电影，其故事情节大致可分为3个部分。

第一部分讲述了主人公洛奇·巴尔波亚所处的时代背景和个人背景。他是一个三流拳击手，住在黑暗、脏乱的公寓里，以帮助放高利贷者暴力讨债为生。

电影的第二部分，开始介绍洛奇的感情线。在机缘巧合之下，洛奇·巴尔波亚得到了一次珍贵的和世界冠军阿波罗·克里一决胜负的机会。为此，他刻苦训练。让人意外的是，他并没有像其他选手一样训练，而是在专心致志地打牛肉。此时，观众已经看到了洛奇为了实现目标所投入的感情和努力。事实上，洛奇并不是为了打赢比赛，他只是想要坚持到底。

当观众看到第三部分，即洛奇在拳击赛中取得胜利，并去拥抱站在他身边的爱黛利安的时候，观众再也坐不住了，他们起身为这个电影中虚构的人物欢呼——因为他们已经走进了洛奇的生活，从他的奋斗史、与苦难做斗争的过程中看到了自己的影子。

这就是一个好故事的魔力。

相对于刻板的故事，一个优秀的故事之所以能被人们广为传颂，就是因为它跌宕起伏的情节让人们欲罢不能。

英国雷丁大学的盖伦·史特罗森教授认为，好的故事在一开始就能激发出人们的想象力，随着故事的发展和深入，人们越发好奇和疑惑，在得知最后结局的一刻豁然开朗。这是一种情绪上的反应。可以说，史特罗森教授说出了故事让人欲罢不能的真谛：那些跌宕起伏的故事情节成为人们情绪的爆发点。

因此，要想说服一个人，我们可以选择讲故事的方式——一种更容易被对方接受并认同我们观点的方式。下面，我来分析一下这个说服的过程，也就是说服的行为阶段。

（1）目的：说服别人。

（2）方式：讲故事。

（3）结果：不可预知。

对于这3个阶段，我们能把握的只有第二个阶段。想要让第三个阶段的结果变得可预知、导向良好、直击对方的内心，我们就要在第二个阶段竭尽全力。在讲故事之前，我们要选择情节丰富的故事，这样才可以使对方有兴趣听下去，我们才可以感受到他情绪上的反应。下面，我通过一个具体的案例对这3个阶段一一进行分析。

"故事大王"史蒂芬·丹宁，曾任世界银行知识管理项目的总负责人，在任期间，他致力于将世界银行打造成一个知识分享的组织。为此，他不惜耗费大量的精力，运用幻灯片、图表和相关资料等手段做出极其吸引人的报告，想要说服世界银行的官员接受他的观点，但是效果并不理想。后来，丹宁想出了通过讲故事来说服别人的方法，并于1995年6月通过讲故事的方法再次表达他的理念。他所讲的故事是这样的：

赞比亚卡马那市的一位医生想要找到一种治疗疟疾的方法，他花了整整3个星期的时间，依然没有一点头绪。一次偶然的机会，这位医生浏览了美国亚特兰大疾病控制中心的网站，只用了几分钟时间，他就找到了自己想要了解的全部信息。

听完这个故事，世界银行行长立即召集各个部门的主管开会，讨论知识管理事务，并当场制订了一套可行的方案，随后正式宣布，世界银行将成功变革为一个知识共享的金融组织。

　　在第一阶段，丹宁想要说服世界银行的官员接受自己"将世界银行打造成一个知识分享的组织"，虽然他付出了很大的努力，结果还是碰了钉子，几乎没有人对他的观点感兴趣。在第二阶段，丹宁想出了讲故事的办法，并通过讲故事的方式再次向世界银行的官员传达了他的理念。虽然过程曲折起伏，但是丹宁最终实现了自己的愿望。

　　正如好电影能流传甚久，与它能触动人们心灵的跌宕起伏的故事情节息息相关。日常生活中，一个说服人的好故事同样要有起起落落的故事情节，并能与对方的情感联系在一起。这样，我们才能触动对方的内心，取得社交的成功。

故事有灵魂，人们才会深信不疑

在生活中，有些事情明明已经发生，你依然不相信。然而，有些故事即便只是传说，你却对它深信不疑。比如《白蛇传》《西游记》等神话故事，人们都愿意相信它们的真实性。这正像英国诗人塞缪尔·泰勒·柯勒律治所说的那样："当我们进入故事世界的时候，一切就变得不一样了。我们自愿放弃怀疑。"

《功夫熊猫》的导演马克·奥斯本曾这样说道："目前，动画界最需要向好莱坞学习的，应该是如何表达一个有趣的故事，如何赋予故事更深的内涵。"

其实，就是赋予动画故事一个灵魂，让它们像圣诞老人的故事一样，即使全世界的父母都知道那只是童话，依然不愿意告诉孩子们那是假的。而且，他们还十分乐意在每年的圣诞节重复讲述这个故事。

一些人总是想要千方百计地找到一个能够说服别人的好故事，他们常常思考：在当今网络故事泛滥的今天，靠什么样的故事才能赢得对方的信赖呢？其实很简单，我们讲一个有深度、有灵魂的故事，就能很快地抓住对方的心。

那么，怎么才能让一个故事有灵魂呢？

1. 表现爱的真谛

事实上，那些让我们深信不疑的故事常常充满爱，表现出来的是满满的爱意。不管是《喜羊羊与灰太狼》《功夫熊猫》等动画电影，还是圣诞老人、美人鱼、白雪公主等故事，之所以让孩子如此着迷，让大人不忍戳穿，都是因为这些故事中充满了爱。

因此，如果想要用故事来说服别人，我们的故事里一定要充满爱。

2. 挖掘故事的背景

收集资料是讲故事的前提。在讲故事之前，我们要收集大量的故事素材，这样才能打造一个让人们认可、信任、有灵魂的故事。

这就需要我们挖掘出故事的背景。背景通常包括故事发生的时间、地点、过程等，这是所有故事共同的特征。当然，要想打造有灵魂的故事，我们还需要交代故事最初被塑造的原因，故事的主角遭遇了什么样的问题，又获得了什么机遇，由此找出听众的潜在需求。

在挖掘故事背景的过程中，我们需要树立全局观。如果全局观不够，我们就必须考虑一些关键环节，比如，这个故事的现状怎么样？这个故事是怎样一步一步走到今天的？把握好这两点之后，我们还要注意在讲故事的时候不能偏离方向。

3. 加入转折，让对方放弃疑虑

我们在讲故事的时候，要时刻牢记：我们的故事是讲给别人听的，所以必须站在对方的立场来考虑对方的感受。当感觉对方有所怀疑的时候，我们不妨在故事中加入一些转折，打消对方的疑虑。

人们在看小说或者电影的时候，总是会想象主人公接下来的行动。比如，"他是不是喜欢她""他一定能逃过这一劫""经历这么多波折，他们最终在一起了吗"等。或许一开始我们在设计故事的时候并没有安排情节逆转，但是，当听众对我们的故事表示怀疑的时候，我们就可以安排一个令人意外的情节来抓住听众的心，让整个故事得到升华。

如果加入转折之后，听众还是不相信，我们就要挖掘故事的深度和哲理，最好使故事显得真实又深刻。另外，在讲故事时，我们强调故事的真实性，更能打消对方的疑虑。

多一点趣味，少一些单调

要想讲好一个故事，故事的趣味性必不可少。有的人擅长讲故事，一个平淡无奇的故事在他的加工和演绎下变得生动有趣，这反映了讲述者的内在功力。除此之外，一些故事本身设计得充满趣味，即使简单地描述也能彰显它的魅力。这两点都属于故事的内在趣味，其中一点主要依靠讲述者的艺术加工和完美演绎，另一点则依靠故事本身的设计和编排。

1. 为故事添加外在趣味

事实上，平常所讲的故事大多不具备内在趣味，这就需要我们在必要的解释性材料上添加外在趣味，让故事同样具有吸引力和趣味性。

那么，什么是解释性材料？它指的是人物的社会地位、生活条件以及自己面临的选择。这些材料对于故事的完整性是十分必要的，有助于听众了解故事的背景，丰富故事的内容，但是叙述过多会使听众产生疲倦感。而丰富、有力的解释性材料，不仅不会

让故事显得拖沓、冗长，反而会让故事变得趣味十足。

解释性材料通常用来解释故事中人物的经历，几个简单的词或者一句简短的话就可以了。此外，它还可用于介绍人物的性格，通常只用几个简单的词语。其实，解释性材料最重要的作用是描述故事中人物所面临的处境或者完成任务的困难程度，从而使听众了解问题的紧迫性，并为故事的进一步发展埋下伏笔。我们通常所说的"使听众产生代入感"就是通过解释性材料来营造一种气氛，使听众产生身临其境的感觉。

喜剧电影就经常利用解释性材料来制造冲突，产生笑料。

在影片《人在囧途》中，挤奶工牛耿一心讨债，因此对个人的财物看得很重。有一次，他带着一大瓶牛奶上飞机，可是按照规定，牛奶是不能被带上飞机的。牛耿性格朴实，生活节俭，自然舍不得将整整一瓶牛奶倒掉，最后只能将牛奶喝掉。

在这个故事中，"挤奶工""讨债"是对牛耿的身份、职业、目前状况的简单介绍，是一段针对主人公的解释性材料，这就事先设定了该角色的人物形象，同时使得后面"喝牛奶"的故事情节合情合理，并产生出人意料的喜剧效果。如果没有这些解释性材料，后面的故事情节就会显得过于突兀，让人不明就里。

外在趣味与内在趣味相结合，可以使整个故事变得合理且充满趣味。此外，需要注意的是，故事的趣味性要为故事服务，而不是啰啰唆唆地交代背景。

2. 将趣味贯穿故事始终

故事的开篇、过程和结尾各自有不同的作用和叙述方法，开篇的目的往往是吸引听众，而过程则需要详细讲明故事情节，结尾一般会阐明自己的意图。故事的3个不同阶段都需要用趣味性来吸引听众的注意力，只是需要灵活运用内在趣味性和外在趣味性。

（1）有趣的开篇吸引听众。

要想让故事一开篇就吸引听众的注意力，我们首先要根据情节设想故事的趣味性是内在的还是外在的。一般来说，故事的开篇常常采用以外在趣味为主、内在与外在趣味相结合的综合趣味。之所以以外在趣味为主，是因为外在趣味最大的作用就是激发听众的好奇心，引领他们快速进入故事情节。

虽然解释性材料多数死板、无趣，但是将它们组合放入故事的开篇，能起到很好的吸引听众的作用。通过这些解释性材料，故事的情境展露无遗，同时为后面的情节埋下了伏笔。

（2）故事的过程和结尾也要充满趣味。

故事的开篇在很大程度上决定了一个故事的水平，它可以作为判断故事优劣的重要依据。但是，要想吸引人，我们必须将趣味性从开篇一直延续到结尾，解释性材料也要贯穿其中。

故事过程中的解释性材料主要是为了表明情节的关键点，用一些突出的材料完成故事的转折、起伏，同时为故事的结局做铺垫。

　　故事的结局要有趣味性，解释性材料也不能少。不过，有的故事在情节发展的关键处戛然而止，以寥寥数笔作为故事的结尾。在这种情况下，解释性材料可能只是一两个点明观点和意图的词语。

　　解释性材料的运用直接关系到故事的趣味性，不管是用于故事的开篇，还是用于过程和结尾，都能起到意想不到的效果。因此，高情商的人都善于利用解释性材料，将其作为吸引听众的重要方法。

充满未知性、真实性的故事更吸引人

这个世界上不缺故事，但是故事也有好坏之分。一个好故事可以使倾听众看到或者联想到自己身上的某个特点，从而发掘出自己好的一面，暂时收敛自己的阴暗面。有的故事甚至能够改变一些人根深蒂固的观念和思想，使他们对别人的缺点或不足视而不见，不再戴着有色眼镜看人。而坏故事就是具有负能量的故事，将使人产生一定的负面情绪，造成不好的影响。

因此，我提倡要讲那些好故事。那么，究竟什么样的故事才能称得上是一个好故事呢？好故事有什么样的标准呢？

1. 充满未知性

西方有这样一句谚语："好奇心害死猫。"（Curiosity killed the cat.）传说中猫有9条命，但是它最终抵挡不住自己的好奇心，害死了自己。由此可见好奇心的威力有多强大。不可否认，好奇心正是吸引人们去做一件事情的重要诱因。

在讲故事的过程中，"好奇心定律"的利用不可或缺，我们要想

方设法使对方成为那只好奇的"猫"。

有的故事你一开口，别人就会让你打住，因为他们已经猜到了故事的结局，失去了好奇心，自然没兴趣听你讲下去。显然，那些充满未知性、让人难以预测结果的故事更能吸引人。那么，究竟该如何讲述一个充满未知的故事呢？

其实，我们可以通过两种方法来制造未知：一种方法是制造奇怪事件，另一种方法是有意外转折。

比如这段描述故事的话："一个9岁的小女孩躺在病床上，她看到疲惫的妈妈趴在自己身边睡着了，就悄悄地从枕头底下拿出了一本魔法书，然后她开始按照书中的描述施魔法，渐渐地，她看到了透明的自己……"这就是一个奇怪的事件，其中充满了诡异和神秘色彩，自然能吸引人们迫不及待地看下去。

意外转折则是为了使故事出人意料，给故事增添一丝意想不到的色彩，这在一定程度上避免了故事过于单调、枯燥。比如，有人这样讲："那时，我完全没有想到都过去这么多年了，他不但没有死，而且还做了一件让我做梦都想不到的事情……"听故事的人会完全被这个故事吸引，急着想要听下文。

奇怪、诡异和有转折的事件贴合人们内心想要一窥究竟的欲望，因此，有了奇怪事件和意外转折，故事才能充满神秘色彩，有吸引人的魔力。

2. 具有真实性

19世纪英国最伟大的作家狄更斯说过这样一句话:"任何事情,都比不上真实的生活更具影响力。"实际上,那些著名的文学作品,大多也是来源于现实。比如,高尔基的《童年》《在人间》《我的大学》,赫曼·麦尔维尔的《白鲸》,路易莎·奥尔科特的《小妇人》等作品,素材都来自日常生活。电影也是这样,80%的奥斯卡最佳影片都是由真实故事改编而来的,比如《死囚漫步》《辛德勒名单》《达拉斯买家俱乐部》等。

这些都充分说明,真实的故事是最具吸引力的。当你想要说服一个人的时候,如果能够加入一些真实的故事,你就能够使对方产生强烈的代入感,从而产生情感共鸣。即使你的文字和口才并不是那么出色,故事的真实性也能牢牢抓住对方的心。

一般来说,生活中的故事比较容易实现真实性,而历史故事与现实相差甚远,因此很难做到这一点。对于历史故事,它的真实性往往体现在视角上,任何历史故事都要从讲述者的视角出发,照亮整个故事。

现在流传的关于武则天的故事,有许多不同的版本。由于其执政期间的高压政策,很多人一提起她,不管是哪个时期、关于哪个方面的故事,都会将她与杀伐联系在一起,这其实是不客观的。武则天的残忍并不是一出生就有的,也不是一入宫就有的,而是在长时间的宫廷斗争中逐渐形成的,将她的童年故事蒙上杀伐之风显然

是不正确的。

因此，在讲武则天的故事的时候，最好从一个年轻女孩的立场出发，设想当时的情景，这样讲出的故事才有一定的可信度。

同样，讲其他历史故事的时候，也要从当时的时代背景，从主人公的年龄、身份、立场等出发来进行讲述，这样故事才会有一定的可信度。

第四章

把握故事三要素，让对方心服口服

在讲故事的时候，我们要把握故事的三要素。故事的三要素是什么呢？叙事、场景和对白。其中，叙事能够增添故事的想象空间，场景可以拉近双方心与心之间的距离，而对白可以使故事更鲜活。

三者之间不是独立存在的，它们之间往往存在交集，可以叙述一个场景，场景和叙事中又可以交织着对白。总之，在讲故事的时候，我们可以自由发挥，将这三者灵活运用，使得故事如同发生在听众面前。

用一个故事说服全世界

前面已经讲过，要想说服一个人，做成一件事，最好从情感的角度出发，以讲故事的方式来代替直接告诉他需要怎么做。

1. 把握故事的三要素

（1）叙事。

叙事，顾名思义，就是"叙述事情"，就像是有一个人在将事情的来龙去脉向你娓娓道来，并在讲述的过程中赋予各种记忆、想象、感情和见地。这是一种用语言描绘故事的能力。它有点像画家作画，只要投入进去，就能感受到一些不曾目睹的景象。

（2）场景。

如果说叙事像画家的作品，那么场景就如同一位导演在观众面前排演了一出戏。在戏中，导演为人们呈现出各种背景、氛围、角色，以及角色的对白、心理变化。这种呈现比纯粹的叙事更立体，但缺点是每个场景都要受到特定时空的限制，而叙事则可以天马行空，不受限制。

比如，故事中有这样一段表述："久而久之，陈若曦竟然习惯了被这个总是惹她讨厌的家伙打扰，有几天他不去打扰她，她竟然感觉浑身都不自在，反过来想去打扰他。"对于这样一段具有矛盾性的叙述，要是用一个个场景来表达，那将不是一件容易的事情。

（3）对白。

叙事和场景中常常会运用到对白。这种对白与日常生活中的对白有很大的区别。它们通常比较精炼，就好像一阵阵的鼓声，一声接一声地震动着听众的鼓膜，那些绝妙的、富有哲理的语句更是犹如激流，深深叩击人的心灵。

故事的三要素，可以用比喻归纳如下。

（1）叙事——图画。

（2）场景——表演。

（3）对白——鼓声。

这三者之间需要精心地、巧妙地搭配，才能讲出一个吸引人、打动人的故事。比如，叙事和场景两者都有不同的功能和用法，至于如何调度，在很大程度上取决于讲故事者的技巧和偏好。

当然，也要看是利用哪个媒介讲故事。比如，对电影和戏剧来说，它们都是由一个个场景组成的，运用叙事旁白的时候要格外小心谨慎；小说和励志小故事则可以通过文字叙述来讲故事，也可以自由发挥，交叉运用不同的表达方式。

2. 建立人与人之间的连接

要想用故事说服别人，最关键的就是建立人与人之间的连接。只有和别人建立连接，别人才会融入你的故事，从而与你所要阐述的主题产生联系。也只有这样，你所讲的故事才能影响对方的情感判断，最终说服他。

2013年，苹果手机iPhone5问世，与此同时，该手机的广告受到了全世界人们的追捧。这则广告以温暖的方式打动了不少观众。在广告中，一位穿红衣服的中国女孩引起了网友的关注，成为公众人物。她，就是温州"90后"女孩陈特特。

很多人都好奇：为什么这么一个看起来很平凡的女孩却被苹果公司选中来拍摄广告呢？

一方面，陈特特凭借甜美的外表和乖巧的性格顺利地通过了初试，并获得了复试的机会；另一方面，她在复试中所讲的故事成功地引起了苹果官方的注意。

她所讲的故事是这样的：

"我出生在温州，那是一个美丽的地方，人们大都关注风景，但是我酷爱美食。我从小就喜欢吃，可以说是一个十足的'吃货'。我虽然是一个平面模特，但是不会因为影响上镜效果而减肥，我无法抵挡美食的诱惑。

"有一次，我在上海外滩看到了具有温州特色的馄饨，当时，我一下子就被那种熟悉的味道吸引了。就在那一瞬间，我发现自己追求的东西并不多，也许简单得只是家乡一碗馄饨的味道。当时，我就想：世界上每个角落都有被遗忘的东西，我们需要做的就是挖掘出这种味道，让它们保留在人们的记忆中，不被遗忘……"

苹果官方被陈特特所讲述的这个关于"馄饨"的故事所吸引，一时对她深有好感，所以就选定了陈特特。

叙事让人产生遐想

在文字故事里，调度叙事和场景是一件非常重要的事情。电影都是一个场景接着一个场景来演的，需要通过情节推进和人物对白来帮助背景叙事。场景的临近感虽然能在一定程度上吸引观众的注意力，却容易使人产生疲倦感，因此，电影的铺排一般都很紧凑，观众也就没有闲暇时间感觉到疲倦。有时候，电影中间加入一些轻松、搞笑的场景，观众就会既能保持投入又不会感觉到累。而文字故事则不一定需要运用那么多的场景，恰到好处即可。

当然，这里所提到的与场景相提并论的叙事仅仅只是一个技术层面上狭义的叙事。从广义的角度来说，所有的叙事、场景、对白，都是广义的叙事。

然而，我们不能小看这个在文字故事里狭义的叙事。它可以把复杂的事理和情境做简单清晰的背景交代。故事只有在开头进行了出色的叙事，后面的场景才能活灵活现。要知道，所有的场景都是由对白和场景里的叙事组合而成的。正因为叙事具有简洁、浓缩的特殊性质，它才变得充满想象。

2009年，奥巴马首次在美国国会发表演说，虽然在整个演讲过程中并没有出现人们所期待的"盲目乐观"的观点，但是他通过一个个生动的案例为大家传播着希望，以此激励美国民众团结起来，共同来面对美国历史上8年不遇的经济危机。奥巴马所讲的故事短小精悍，常常以情动人，演讲数次被观众热情的掌声打断。在演讲中，他说：

我想到雷奥纳德·阿贝斯，这位迈阿密银行总裁卖出公司的股票，却把所得的6000万美元分给公司的471名员工。这件事他没有告诉任何人，而在当地报纸报道后，他只是说，我从7岁时就认识其中的一些人了，我觉得自己得到这些钱是不对的。

我还想到堪萨斯州的格林斯堡，整个小镇完全被龙卷风摧毁了，但当地居民正在将它重建为一个全球性样板，来证明清洁能源如何为整个小镇供电，如何为曾是一片废墟的地方带来就业和商机。帮助他们重建的友人说："发生的是可怕的悲剧，但这里的人们知道，它也带来了难得的机遇。"

我也想到了我参观的南卡罗来纳州一所学校的小女孩贝西娅，教室的天花板漏水，油漆从壁上脱落，他们每天的课程都要中断6次，因为火车就从他们的教室旁驶过。人们都说，她的学校没有希望了，但一天下课后，她到公共图书馆给今天坐在这里的所有人写了一封信。她买邮票的钱也是向校长要的。这封信要求我们提供帮助，信中说："我们是希望有朝一日成为律师、医生、像你们一样的

国会议员甚至是总统的学生，我们不仅能改变南卡罗来纳州，也能改变整个世界。我们不是半途而废的人。"

如果我们团结一致，把美国从危机的深渊中拯救出来……那么很多年后的某一天，我们的孩子就能告诉他们的孩子说，那个时刻我们的父辈做了值得人们记住的事，就像这个大厅里的铭文一样。我们是这样一个国家，曾在危险中看到生机，在考验里发现机遇，眼下我们必须重新成为这样一个国家。

事实证明，奥巴马确实是一个演说天才，在国会这个重要的演讲场合，他选择讲了3个普通的故事，拉近了自己和民众的距离。这些故事短小精悍，每一个都具有深刻内涵，更具有穿透人心的力量。配合着故事，奥巴马用充满着希望的话语感染着大家，最后不仅感动了自己，也感动、鼓舞了所有在场的人员。

这就是叙事的好处，一旦我们认清叙事的好处，将其运用到实际的陈述中，就可以获得令人难以置信的机遇和他人的信任。因此，在日常的生活和工作中，我们在举例论证的时候，可以讲述自己或者他人的经历，将它们编成一个个动人的故事；在阐述事实或者宣传产品的时候，我们也可以将陈述编成故事，以便使我们获得别人的关注，取得别人的认同，从而顺利达成共识。

缩短距离的奥妙：拉近物理距离和心灵距离

距离感，不仅指物理距离，而且指认识上、感情上的距离。讲故事者只有将两者的距离拉近，才能使听众的情感得到升华，产生共鸣。

1. 控制物理距离

讲故事时，除了要注意故事的方方面面，还要注意讲述者和听众之间的物理距离。合适的距离可以帮助你将故事演绎得更精彩，而不合适的距离则会让听众产生不适的心理感受，从而对你的故事心不在焉。

一般来说，讲述者与听众距离的远近由双方的关系决定。

（1）亲友间的距离。

对于关系比较亲近的亲友，讲故事的时候，你可以与他们保持稍近的距离，一般距离为15~45厘米，甚至可以挽着手臂、手牵着手。你通过近距离的接触，使故事演绎得更到位。

（2）熟人之间的距离。

熟人之间的距离相对较近，一般保持在46~76厘米。陌生人突兀地出现在这个距离之内，则常常会给人带来一种极度的不安全感。在这种场合讲故事，要格外注意所讲的内容，不能太随意，以免引起对方的不适，甚至反感。这时，那些缓和气氛的故事能够帮助你给他人留下一个良好的印象。

（3）普通朋友间的距离。

普通朋友间的距离通常为77~120厘米，这是基本礼仪的距离，泛泛之交常保持在这个距离。

（4）社交场合的距离。

在社交场合及工作中，与他人之间的安全距离最好保持在1.2~2.1米；对于更加正式的场合，这个距离还要更远，为2.1~3.7米。在社交场合讲故事，故事讲述者一定要注意这个距离，避免对方受不良心理因素的干扰。

（5）公众距离。

这个距离通常指演讲、讲课等的距离，一般应保持在3.7米以上。在这种场合讲故事，需要注意的是故事的情节是否足够吸引人。故事讲述者的动作也要特别注意，有时一个不经意的动作就可能被听众放大，进而影响到自己所讲的故事。

2. 场景拉近心灵距离

美国著名作家欧·亨利有一篇著名的短篇小说——《麦琪的礼

物》。100多年来，数不清的电影、喜剧和小说都从这部作品中撷取灵感。

这个故事是这样的：

圣诞前夕，德拉反复数着钱包里的钞票，那是她这几个月省下来的钱，她想用这些钱为丈夫吉姆买一个礼物，因为第二天就是圣诞节了，而且还是她和丈夫结婚三周年的纪念日。

数来数去，那些钱都不够买礼物。这该怎么办呢？忽然，德拉想到了一个好主意。

这天黄昏，德拉从面包店下班之后直奔一家高级假发店，将自己引以为傲、闪耀光芒的及腰长发卖给了店主。

拿到钱之后，德拉马不停蹄地赶往商店，提取了那天她专门请店主为自己留着的白金表链。

吉姆有一块三代祖传的金表，但是他用一根旧皮条来代替表链，他有时只是偷偷地看一眼。

当吉姆回到家，看到剪成短发的德拉时，他怔住了。

吉姆把德拉拉到身边，送给她一个神秘的礼物。原来是一套插在头发上的梳子——全套的发梳，纯玳瑁做的、边上镶着珠宝的美丽的发梳。这套梳子是专为长发女士设计。德拉很早就梦想着有一天能够拥有它，但是看到这个礼物后，德拉先是笑，而后捂住嘴巴哭了。

她把梳子紧紧地抱在怀里，抬起泪眼对丈夫说："我的头发长得

多快啊，吉姆。"

　　然后，德拉脸上现出一个神秘的微笑，她把那个白金表链拿出来："漂亮吗，吉姆？把你的表拿给我，我要看看它配上是什么样子！"

　　杰姆并没有照她的话去做，却倒在小榻上，头枕着双手，微笑着说："让我们把圣诞节的礼物搁在一边，它们实在太好了，现在用了未免可惜。我是卖了金表换了钱给你买的发梳。"

　　这个经典故事先用简洁的叙事交代故事发生的背景，然后用一个场景将夫妻二人相濡以沫的爱情完美地呈现在读者面前。男主人公下班回家后，故事采用场景、对白和叙事交织的方式来讲述，使得故事情节流畅地向前推进，因此这个故事可以说是小故事中的佳作。

　　这个故事之所以具有很强的感染力，是因为场景让故事更加栩栩如生，更拉近了人们心灵的距离，在观众面前将一些未知的、无法想象的事情从头到尾演练一遍，观众就会投入其中，无法自拔。

拒绝平庸，让角色"活"起来

许多人在讲故事的时候，喜欢用叙述的方式来讲，殊不知，在叙述中穿插一些对白，可以使故事立刻变得鲜活起来。那些精彩故事里的对白往往使人物形象活灵活现，让情节扣人心弦，就好像发生在眼前一般。

反观我们平时的说话，我们就会发现，那些日常生活中的对白绝大部分比较琐碎、重复，没有什么重大意义。有时在餐厅里吃饭，我们无意中听到别人说的话，其中大多数也没什么意思。就算是一些经过刻意设计、编排的话语，比如演讲、辩论和综艺节目中的台词等，内容也可能非常无聊。

而精彩的故事就是为了满足人们心灵的某些期待，触动我们心底某些许久未被触碰的心弦。精彩故事里穿插的精彩对白常常能够走在触动听众心灵的第一线，就像心头响起的一阵阵鼓声，让我们感受到日常生活以外的颤动。

1. 拒绝平庸的对白

有一阵子，观众嘲笑电视台编剧的拙劣。在现代剧中，常常出现下面这种令人索然无味的情节和对白。

女主角回到家中，妈妈听到声音走出来，对女儿说："回来啦！这么晚了，还没吃饭吧？要不要我给你煮碗面吃？"

女主角疲惫地说："不用了，妈妈，我在外面吃过了，吃得很饱。"

这时，女主角看到一旁玩耍的弟弟，对他喊道："弟弟，你过来，你看到姐姐为了养家做事多么辛苦吗？"

弟弟乖巧地说："姐姐，我会努力读书的！"

姐姐感到很欣慰，对弟弟说："把你的成绩单拿来给姐姐看看。"

女主角看着成绩单，露出欣慰的笑容，并对妈妈说："妈妈，您看看，他每一科都及格。"

上面的故事情节是不是很真实？真实的情况可能比这个还要冗赘一些。可惜，没有哪个听众会喜欢这么平庸的对白。这样的对白只会让剧情变得松散，没有扣人心弦的吸引力，也就无法让听众集中注意力去听故事。

那么，什么样的对白才能扣人心弦呢？上面的对白稍作改动，就可以成为情节紧凑的电视剧里的桥段。

女主角回到家里看到妈妈，一脸惊讶。

妈妈热情地对女儿说："回来啦！这么晚了，还没吃饭吧？要不要我给你煮碗面吃？"

女主角不屑地说："你来干吗？我不是说过你来我家之前要通知我吗？你把钥匙留下，马上离开！"

妈妈拉过一旁的弟弟，对女主角说："来，给姐姐看看你的成绩单。你看，他每一科都及格了。"

女主角不耐烦地说："我不想看什么成绩单，我只希望他以后不要再管我要钱，不要再让我去警察局保释他！你们赶紧走吧！"

一经修改，故事就变得更加立体、更加丰满。显然，这个故事就充满了悬疑色彩，勾起了人们的好奇心，让听众不由自主地专心致志地等着听下文。

我们在前面说过，故事情节的发展和推进常常是由人物之间的冲突带动的。这些冲突有时候在场景中变得缓和，有时候则变得更加严重。世界的冲突永不停止，显示这种生命的本质，正是故事作为人生隐喻的理由。同时，展现角色之间的冲突，也可为故事的发展提供动力。

因此，故事中的对白最好合理地出其不意，以此展现故事角色之间的矛盾冲突和不同的心情状态，同时让故事不断往前推进。

2. 让故事的角色"活"起来

人物设计、情节推进，故事里的叙事、场景、对白的适度调配等，所有这些都是为了让故事里的角色"活"起来。只有这样，讲的故事才有意义。

对白设计是使故事里的人物"活"起来的重要元素。对白是故事中不同角色之间的心灵互动，即便是自言自语，也是自我内心最真实的流露。因此，这些对白一定要"精彩真实"地呈现。当然，这里的"真实"并不一定是真实发生的，而是让听众心中接纳和欢喜，觉得故事里人物的一言一行都是真实的就可以了。

这也就是说，故事的真实感往往来自听众的投入和代入。每个被故事感动的人都会有个人不同的感受，所以，如果在故事的叙事和对白中加入过多故事讲述者的意见和观点，那么很可能会影响听众的代入感。

此外，故事里面很多角色对白不多，但是还要给听众留下深刻的印象。因此，故事的角色越多，我们越要给予每个角色容易辨识的特色，这就需要良好的角色设计和呈现功夫。与此同时，我们几乎可以肯定，如果一个角色的对白没有属于自己的特色，那么这个角色很可能是不重要的，甚至是不需要的。当然，带有自传色彩的故事，则另当别论。

角色鲜明的故事才能给人深刻印象

在《三国演义》中，生逢乱世，群雄四起，一代智者诸葛亮却屈居人下，一心臣服于刘备。即便如此，世人一提起诸葛亮的名字，还是觉得如雷贯耳；对于刘备，人们的印象却不那么深刻。

历史上既聪明又忠诚的人，实在太多了，但是大多没有人记得。那么，为什么诸葛亮却一直被后人欣赏、称赞呢？

同样，在《西游记》里面，唐三藏怀着满腔抱负、一腔热血，不仅学问精湛，而且坚毅刻苦，而孙悟空虽然天赋异禀、勇武仗义，但是在遇到挫折时容易开小差，有时甚至可以说是"心狠手辣"，可是为什么大家都喜欢孙悟空？

这就要说到人物形象塑造的问题。故事其实都是通过各种角色，尤其是主角的遭遇，来推动情节的发展，所以如何叙述故事中的人物性格和发展，可以说是一项重要的讲故事技术。

由于叙述的篇幅有限，故事中的人物都是以精练、糅合，甚至被改造的形象出现，这就和现实生活中接触到的人有很大差别。故事中的人物通常个性鲜明、行为果断、转变能力强、处事反应也比

较戏剧化。这样的人物形象非常具有辨识度，故事也容易被听众认同和投入。

在现实中，就连你认识多年的亲友，你也很难说清他们的个性，可是为什么你花10分钟听完一个故事，却会对里面的人物性格了如指掌，并常常津津乐道，甚至念念不忘呢？这就说明故事塑造了一个辨识度、被认同度比较高的人物形象。

那么，如何让故事中的人物容易被受众辨识、认同和投入呢？

1. 角色一定要鲜明

如果故事中的人物形象过于普通，大家就无法将其与其他角色区分开来，又如何能全情投入故事中呢？

其实，角色鲜明有很多层次。

还拿《三国演义》来说吧，《三国演义》是一部气势磅礴、群雄争霸的大戏，里面杰出人物众多，如果不把主角说得神乎其神，这个人物的光芒很可能被其他人物遮掩，变得模糊，这个故事就会失去聚焦力。

因此，作者刻画了一个风度翩翩的诸葛亮的形象。《三国演义》中是这样描述诸葛亮的形象的：

> 玄德见孔明身长八尺，面如冠玉，头戴纶巾，身披鹤氅，飘飘然有神仙之概。

一个很酷的人物形象就出现在人们的脑海中，即使想要和其他人物混淆，也不容易。

对比起来，《伊索寓言》对主角狐狸的描述就比较少，主要通过语言、动作等来衬托出狐狸的形象。

它是这样来描述狐狸的：

一只狐狸想要摘长在葡萄藤上的一串葡萄，但它试了很多次都没有成功，于是只好离开，并满怀怨恨地说："那一串葡萄是酸的！一点都不好吃！"

这段话并没有向人们介绍狐狸是怎样的一种动物，也没有具体描述狐狸的长相和性格，却塑造了一个个性鲜明的狐狸形象。

2. 角色描述要恰到好处

怎么才能做到让故事中的角色既给人们留下鲜明的印象，又不失想象的空间呢？

拿《红楼梦》中关于林黛玉的描写来举例，书中对她是这样描述的：

两弯似蹙非蹙罥烟眉，一双似喜非喜含情目。态生两靥之愁，娇袭一身之病。泪光点点，娇喘微微。闲静时如娇花照水，行动处似弱柳扶风。心较比干多一窍，病如西子胜三分。

这段话将林黛玉的形象描写得个性鲜明，留给读者丰富的想象空间。

事实上，不管如何描写故事中的人物形象，目的都是让他们可以在受众的脑子里"鲜活"起来，那才是最终的任务。

很多童书对故事中的角色交代得比较简洁，比如：

小强回到家中，妹妹开口便问："你怎么可以丢下你的朋友不管？"

这段话并没有对妹妹做过多的描述，关于她的长相、兄妹关系、家庭教育、妹妹是否认识小强的朋友等，只字未提。这是为什么呢？因为儿童的心思都是比较单纯的，他们的想象力比较丰富，所以没有必要把每件事都交代得那么清楚。这样，他们可以瞬间就领略到故事的整体含义。

因此，不管如何定位故事中的人物角色，我们都要将其描述得恰到好处，这样才能给听众留下深刻的印象。

第五章

有真凭实据，你的故事才能让人信服

讲故事之前要做好资料的收集和整理工作。有时候，我们所讲的故事并不足以令人信服，其中一个重要原因就是没有数据和事实作为支撑。我们可以借助图片、文字及演示文稿、音频、视频等新媒体工具来展示自己的观点。

有数据和事实支撑的故事更有说服力

在生活中，人们常说："没有调查就没有发言权。"事实的确如此。有时，想通过一个简单的故事说服别人，是一件很难的事情。如果想要使所讲的故事言之有物，故事讲述者在讲故事之前就应该做好准备工作，不能胡编乱造。

此外，在明确了所要讲的主题以后，我们要在此基础上做一些有针对性的调查工作。这样不仅能帮助自己找到丰富的演讲材料，更重要的是，能使我们多了解一些关于讲话的场景、听众、背景方面的信息，这有助于选择相应的讲话方式，增强讲话效果。

下面，我们就来看一下有理有据、具有极强说服力的演讲。

刘闻归国后，在一家网络公司任财务总监，在他上任半年后，上司让他代表中层领导做一次演讲。

这次演讲该以什么为主题呢？刘闻思前想后，决定还是谈谈自己的老本行。于是，他开始对公司的账目进行大审查，经过这次调查，刘闻发现了一个让他非常震惊的事实——公司这一年来居然没有盈利。

问题到底出在哪里？他找来公司的财务人员一问才恍然大悟，原来是自己忽视了一个问题，那就是网络公司在网络维护上的成本投入过多。而造成这一问题的原因在于公司这方面的人员过多，有的工作，一个人完成绰绰有余，公司却安置了过多的闲余人员。

找到这些原因后，刘闻就知道该怎么讲故事了。在公司大会上，他这样讲道："我曾就职于一家公司，这家公司因为颠倒了公司的主要任务……"其实，刘闻所说的那家公司就是当前这家公司，在场的所有人都意识到了这个问题。

故事讲完以后，刘闻还提出了一些更为细致的解决方案。比如，调整公司员工的奖金制度，并予以细化；明确员工的考勤制度……

公司的高层领导对刘闻的这次讲话非常满意，并采纳了他的方案。经过一系列的调整后，第二年这家公司的发展形势大好。

财务总监刘闻在讲话前对公司做了全方位的调查，发现了公司的财务问题，并在讲话中提出了具体的解决方案，自然赢得了领导的认同。

故事讲述者要明白，每一位听众都有自己的想法，都有感性的一面，也有理智的一面。如果希望听众能够接受你的想法和观点，那么你最好让故事有一定的说服力，其他言论也要经得起推敲。

为此，最好做到以下几点。

1. 根据故事主题收集材料

不管是一个观点，还是一件事情，要想将其讲清楚、说明白，令人信服，都必须有相关的材料和数据作为支撑。因此，讲故事前，故事讲述者首先要对相关事实进行调查研究，掌握充分的事实材料和依据。这些事实材料和依据，不但能使讲话内容有保证，还能增强讲话者的底气，使其自信满满。如果讲话者准备得不充分，或者缺乏材料依据，那么讲话时他只能勉强支撑，甚至不知从何说起。这样，不但自己讲得辛苦，听众也听得云里雾里。

2. 调查场景和听众的情况

不同的听众群体，其文化背景、品位、修养各不相同，感兴趣的话题也有所不同。因此，在讲故事前，讲话者最好先收集一些关于听众的资料，以确定讲话的主题、说话的风格以及收集相关的讲话材料。

慎重选用故事材料

在讲故事之前，选择故事材料是一个关键的环节。虽然讲故事有一定的灵活性，但是选用的故事要有依据。我们在确定了故事的主题之后，就可以对所选的故事进行大致的甄选了。因为并不是所有的故事都符合讲话的要求，所以我们最好选择那些精练的材料。

那么，在故事材料的选择和运用上，有哪些需要注意的地方呢？

1. 故事材料必须紧扣主题

我们在选取故事材料的时候，应该将主题作为一个重要标准。我们之所以讲故事，就是希望故事材料能够起到支撑主题的作用。若偏离主题，即使故事再完美，也没有任何意义。

由此可见，在选取故事材料的时候，那些凸显主题的、与主题关系密切或者有关联的，都可以选用；那些与主题关系不大或者不能很好地反映主题的故事材料，都应舍弃。

恺撒大帝是罗马共和国末期杰出的军事统帅、政治家。他仅仅用了8年就征服了高卢全境，还袭击了日耳曼和不列颠。

然而，在他掌权期间，他曾遭到布鲁图斯等人的诋毁。那些人将恺撒大帝称作野心者，还说他是一个暴君。恺撒的一个重臣安东尼忠心护主，他在一个公共场合用3个简单的事实材料就驳回了那些诋毁者的言论。

"他曾在边疆战役中获胜后，将所得财物如数交归国库。"

"他在听到穷人生活是多么困苦的时候，会掉下泪来。"

"那天，你们一定亲眼看见过，我3次劝他登基，他却拒绝了3次。"

这里，安东尼所列举的3个材料，分别证明了恺撒大帝3个方面的优点：不会因为一己之私侵吞国财、满怀仁爱之心和为人谦虚，并不像诋毁者所说的"野心勃勃"。这几个材料都紧扣主题，有力地证明了自己的观点，是对布鲁图斯等诋毁者的观点的强有力回击。

2. 故事材料要有针对性

可以用于讲述的故事材料有很多，但是故事讲述者要充分考虑听众的因素，真正做到所讲的故事因事、因地、因人而有所差异，这样才能真正做到以情动人、以理服人，从而激发听众的热情和兴趣。

那么，什么样的故事材料才是有针对性的呢？

一般来说，选用有针对性的故事材料应做到4点：一是考虑说话的场合和听众的兴趣；二是针对听众的文化层次和水平，将故事材料具体化、形象化；三是要符合听众的心理需求；四是考虑自身情况，尽量选取自己比较熟悉的故事材料，这样讲起来才会自信满满。

总的来说，在选择和使用故事材料的时候，我们一定要以讲话目的和主题为出发点，并考虑听众和自身的独特因素，从而有针对性地选择那些实用的、真实的材料，这样才能讲好故事，实现自己的目的。

3. 故事材料要典型生动

所谓典型材料，就是指那些最具广泛代表性和强大说服力的材料。这样的故事常常能够以小见大、以少见多，从而突出和深化主题，还能帮助我们自信地阐述观点，让讲话更精练。

所谓故事材料的生动性，则是指材料具有新颖、有趣、灵活等特征。新颖、生动的故事材料，可以充分激发听众的兴趣，引发他们的想象，并且可以使讲话声情并茂，增强感染力，给听众耳目一新的感觉。

这就是说，故事讲述者所选用的材料不管是形式上还是内容上，都要遵循典型生动的特征。这样才可以吸引听众的注意力，进而感染他们、说服他们。

4. 故事材料要真实可靠

故事分很多类型。如果讲述事实类故事，我们就要确保故事材料准确而真实，这样故事才有说服力。在演讲的时候，即使大部分观众对你的故事和观点连连称赞，但是有一个人提出质疑，你的演讲效果也会大打折扣。只对着一个人说话时，如果他认同你大部分的谈话内容，唯独对你所讲的故事心存怀疑，你的谈话效果就会降低。

对于这类故事，要做到材料真实，我们不但要掌握书面材料的积累，还要在平时多留心生活中的一切。只有这样，收集来的材料才是客观存在的，才具有普遍的意义。

深奥的话题，用可视的方式来讲述

在生活中，你可能有这样的经历：你口干舌燥地卖力解说了半天，对方还是一脸迷茫。其实，你对所要讲述的事情或者观点十分明了，就是无法向对方讲清楚，这就需要你做进一步的解说。那么，该怎么解说才能让对方理解透彻呢？

此时，不妨将你所要讲述的事情或者观点以故事的形式表述出来。为了进一步加深听众的理解，你可以将故事讲述得更生动一些。而将故事视觉化就是一种让故事更生动的重要方式，它可以让听众更容易理解你所讲述的内容。

举个简单的例子，我们都知道，太阳、月亮、星星距离我们所在的地球比较遥远，但是到底有多远呢？稍微有点科普知识的人，可能会用一大串数字来作答，但是普通民众对这些数字没有概念。因此，科普专家在向普通人讲述这个问题的时候，最好的办法就是将这些数字转化成图画。

著名的科学家詹姆斯·霍普伍德·金斯（James Hopwood

Jeans）爵士知道人们都对神秘的宇宙感兴趣，想要探测宇宙，了解宇宙的奥妙。他乐于满足人们的这一渴望。但是他知道，对于那些高深的数字，大多数人无法很好地理解，因此他就在著述中尽量少用数字。

比如，在金斯爵士所著的《我们的宇宙》一书中，有这样的介绍："即使是太阳系之外最近的一颗恒星（比邻星）也在40 233 600 000 000千米以外，那么这是一个多大的数字呢？"为了让这个数字更形象、更具体，詹姆爵士向人们描述了一个画面：假如一个人从地球出发，开始以光速，即每秒300 000千米的速度飞行，那么在4年3个月以后他才能到达比邻星。

金斯爵士的描述向我们展示了太空的浩瀚和广阔，被誉为"20世纪最伟大的心灵导师"和"成功学大师"的卡耐基先生对此称赞不已。他认为这样的描述比他在密苏里州华伦斯堡州立师范学院所听到的对阿拉斯加州的大小这一问题的描述和解释真实可信多了。当时，那个演讲的人只列举了两个庞大的数字：阿拉斯加州的面积是1 717 855平方千米，人口是648 818人，然后就没有了下文，留下那些一脸茫然的听众独自琢磨和思考这两个数字所代表的真正含义。

这么大的数字究竟是个什么样的概念？普通的民众根本就不会花时间去思考多少平方千米的事情，也不会在自己的脑海里构筑起具体的形象，更不会将其与缅因州做比较看看到底是谁大谁小。

其实，演说家可以用另一种方式来向大家具体介绍阿拉斯加州的大小：阿拉斯加州及其所属岛屿的海岸线比环绕地球一周的距离还要长，它的面积则比纽约、新泽西、宾夕法尼亚、特拉华、马里兰、佛蒙特、新罕布什尔、缅因、马萨诸塞、罗得岛、康涅狄格、西弗吉尼亚、北卡罗来纳、佐治亚、佛罗里达、密西西比及田纳西等各州加起来的面积还要大一些。这样描述的话，人们就会对阿拉斯加州的面积理解得更透彻、更全面。

还有一个有趣的案例：

一位传教士想要把《圣经》传播到非洲一些地区，于是他开始将其翻译成非洲附近部落的土著语言。其中有一句话是这样说的："虽然你的罪恶一片鲜红，但它们终将白如白雪。"如果在其他地区，则这句话很容易翻译，但是那些非洲土著人却有点难以理解。

因为他们从未见过白雪，他们甚至不知道雪和煤炭有什么区别。传教士转念一想，虽然非洲土著人不知道白雪，但是他们对椰子肉十分熟悉，几乎每个人都爬过椰子树，还常常把椰子肉作为自己的午餐。

于是，他将白雪的白和椰子肉的白联系到一起，把那句原文翻译成了："虽然你的罪恶一片鲜红，但它们终将白如椰子肉。"

不得不说，这位传教士的翻译很精妙，也许再也找不到比这更贴切的翻译了。

　　由此可见，将故事视觉化十分有效，可以使讲话内容深入人心。它为什么会产生如此明显的效果呢？这是因为，人们的视觉印象往往比听觉印象保留的时间更长久。打一个形象的比方，如果将听觉印象比作霰弹打在桦树光滑的树皮上，随即滚落，视觉印象就可以比作拿破仑的炮兵部队在乌尔姆战役中所发射的炮弹，来势汹汹，恶狠狠地赶走奥地利人。

　　在现实生活中，我们要善于运用视觉印象，运用可视化的故事来阐明道理。这样，我们可以使听众理解起来更容易，从而提升讲话效果，最终达到讲话的目的。

讲故事时多使用视觉辅助工具

人们常说："百闻不如一见。"这句话形象地说明了视觉比听觉更重要。那么，为什么会出现这样的现象呢？生物学家给出了一个科学合理的解释：与耳朵相比，眼睛更具耐性，这是因为从眼睛通往脑部的神经，要比从耳朵通往脑部的神经多出好几倍。另外，经科学实验研究发现，人们对于眼睛暗示的注意力是对耳朵暗示的25倍。

讲故事时使用视觉辅助工具可以发挥视觉的这一绝对优势。实践证明，视觉不但是人类获得外界信息的重要手段，而且通过视觉获得的信息又最容易被人们接受和理解，留下较为深刻的印象。

因此，在讲故事的过程中，想要清楚地表达某个观点或者描述某件事，你最好试着为听众勾勒出一幅生动形象的具体图像，这样可以将思维具体化。

1. 借助图片和文字来表达

美国著名的全国收银机公司总裁派特森在为《系统》杂志写文

章时，简要地介绍了他向工人和销售人员演讲时使用的方法："我认为，一个人要想让别人了解并接受他的想法，仅仅借助语言是不够的，我们要做一些更为戏剧性的补充，最好的方法大概就是图片，以此来展示事物的对错两面。相对于文字来说，图片更有说服力。所以，最有表现力的方法就是为你的文字附图，文字与语言应该只是作为图片配合的手段而已。我很早就发现了这一点，一张图片比我说再多的话都有用。"

当然，并不是所有的讲话题目都适合用图片来展示，但是只要能用到的话，我们都应该使用。因为图片能够引起人们的兴趣，还能将我们所要讲述的话题表达清楚。

在运用图片的时候，讲话者还可以辅助使用相应的解释性文字。在使用的时候，需注意以下几点。

（1）用图片讲述的时候，图片要做得足够大，要让所有的听众都看得很清楚。

（2）图片不宜过多，否则会使听众失去兴趣。

（3）如果想在小黑板上边写边画，那么一定要注意速度要快，不要像画艺术作品一样慢条斯理地精雕细琢，因为没有人有兴趣欣赏你的艺术作品。

（4）使用缩略语的时候，要写得大一点，而且要容易辨认。

（5）在黑板上涂鸦的时候，不要忘记继续讲话，要随时与听众交流。

2. 借助多媒体工具为故事增色

在讲故事时，除了传统的用文字和图片辅助讲述外，我们还可以运用多媒体工具来进行讲述，比如用视频、音频、演示文稿等表达工具。

在人们的印象中，MV（音乐电视）的内容通常是一些人在画面里走来走去，迈克尔·杰克逊却独辟蹊径，第一次在MV中讲故事，这极大地提升了MV的影响力。著名的美国乡村民谣女歌手艾美·格兰特在2010年发表的歌曲《胜过哈利路亚》，让人印象深刻，尤其是这首歌在MV中所讲述的故事更是令无数人动容。

故事是这样的：

一个老人无意中发现了一封陈旧的信，这是50年前他的前女友写给他的信，他一直没拆开看过。拿着这封信，老人想起了50年前和前女友分别时的情景，他决定照着信封上的地址找过去。结果，他找到的却是前女友和她肚子里孩子的坟墓。这时，他打开信，发现信的内容只有几个字："你要当父亲了！"

当时，许多人都被这个温情的故事打动，几乎所有人的心理防线都被这个故事击垮。不管你曾经犯过什么样的过错，抑或是内心有着深深的愧疚，这个MV都能让你学会珍惜身边的人。

换个角度说，如果这首歌没有通过这个MV来表达，那么我们在听歌的时候仅仅只是觉得这首歌的旋律很动听，并不会产生故事的画面感。然而，一加上MV的演绎，这首歌便有了灵魂。

我们在讲故事的时候，也可以穿插一些视频影像来呼应故事。这将使故事更加深入人心，更有说服力，有助于我们在对方毫无防备的时候轻易说服对方。尤其是面对几个人或者人数众多的场合讲话时，我们可以运用多媒体工具来帮助自己讲故事。

有时，你在台上声情并茂、滔滔不绝地讲话，台下的人却早已昏昏欲睡。原因很简单：你的故事无法激起他们的兴趣，自然不能吸引他们的注意力。这时，最好的方式就是插入一个视频短片。这样做的目的有3个。

（1）缓解听众的疲劳，让他们换一种方式休息，从而更加精神饱满地倾听演讲。

（2）让故事具有画面感，具有触动人心的力量。

（3）让故事更形象，听众也能够从视频短片中更直观地理解你讲话的内容，他们的情感就会进一步得到升华。

除此之外，我们还可以借助演示文稿、音频等工具为故事增添色彩。它们都是很重要的辅助工具，可以使故事更煽情。

现实场景也可作为素材

通常来说，那些真实的故事更令人信服。

那么，真实的故事是通过什么方式展开的呢？故事的真实性应该通过什么来证明？个人的亲身经历是一种不错的形式，但除此之外，要想让故事变得更加真实，更有现实感，我们可以将现实场景纳入故事当中。

现实中，一些人虽然很重视讲故事，但是忘了为故事搭建一个合适的场景。这就比如舞台表演，导演只想到了演员的选拔，设计了服装和台词，想好了剧情，却忘记设计和搭建舞台，即使演员表演得再精彩，也无法让观众真正感受到氛围。

因此，好的故事需要一个好的场景。为了吸引听众的兴趣，也为了保证故事的真实性，这个场景最好是现实中真实存在的。

比如，我们在为大家介绍历史人物的时候，如果仅仅讲述这个人的一些典型事迹或者故事，告诉大家他曾做出了什么样的事情，或者因为某件事而怎么了，那么听众很可能认为这只是一个杜撰的故事，没有可信度。但是如果我们明确地告诉大家"这就是那个

人寒窗苦读数载的小屋""那个人就是在××地方战胜了自己的对手"，那么故事的可信度将获得很大的提升，故事的性质很可能也会从传说故事变成历史典故。

除此之外，我们还可以把现实场景融入故事。这是一种高明的手段，在生活中许多领域都有应用，并取得了不俗的成绩。

1. 电影中植入的现实场景

2012年，美国迪士尼·皮克斯电影制作公司出品的电影《勇敢传说》上映。2013年，这部电影拿下了包括第85届奥斯卡金像奖最佳动画长片奖和第70届金球奖最佳动画片奖在内的多个奖项，成为当年最风光的电影。

这部电影讲述了发生在中世纪苏格兰的一个故事：美丽的主人公梅莉达为了追求真爱，大胆挣脱家族的束缚，最终成功改变了自己的命运。这部电影的剧情相当老套，人物角色形象和个性非常鲜明，观众看到一半，大致就能猜到电影最终会朝着什么样的剧情发展下去。

那么，这部电影有什么样的魔力，能够在这种没有新意的情况下依然获得了观众和评委的一致认可呢？

有人对此专门做了分析，发现原因很可能在于真实感。这部电影比较贴近现实，不管是人物的设定、年代的考量，还是剧情的发展，几乎都能找到类似的故事原型。除此之外，还有一个更重要的原因，那就是电影以现实场景作为素材，其中主人公梅莉达所居住的城堡就是现实中的苏格兰艾琳多南堡。很多人在看电影的时候，一眼就发现了，而这几乎成为这部电影的一个重要点缀。由于城堡的真实性，观众忍不住会想：这是不是一个真实的故事？是不是真的有这么一个人去勇敢地追求自己的爱情？

这些真实场景在电影中多次出现，使整个爱情故事变得格外真实，也给观众的心灵带来了很大的触动，于是他们纷纷掏钱买票，最终让这部电影火了起来。

将现实场景作为故事的一个组成部分，是电影营销中的一个比较高明的手段，事实上，观众对这种故事比较买账，也更感兴趣。

2. 销售活动中现实场景的运用

在日常的销售活动中，一些商家或者销售人员会将现实场景作为故事的素材或者作为某一个元素来使用。一般情况下，顾客总是会在听到这些故事的时候，忍不住去想象那些真实场景。他们常常因为现实场景所带来的真实感而模糊了故事和现实之间的界限，从而不由自主地认为商家所讲述的故事是真实发生过的。

比如，有的商家在宣传自己的产品时会告诉顾客："我们的产品正在成为一款引领时尚的产品，前不久，×××（明星）曾购买过我们的产品。"这样的故事虽然比较吸引顾客，但是经不起推敲，顾客会怀疑：这个明星真的来过吗？他是不是去别的店里购买了一模一样的产品？或者说这个明星所买的产品与商家所宣传的产品是两个品牌不同的产品，只是样式比较相似罢了。

这些疑惑很容易让这个故事失去说服力。其实，要想让故事变得真实可信，商家完全可以换另外一种说法："我们的产品是最近比较流行的产品，你可能不相信，就在上周，我们店里来了一位特殊的顾客，他就是如今火得一塌糊涂的×××。你知道吗，他一眼就看上了我们的这款产品，一次性带走了两套，还说下次会介绍新的朋友过来。"

显然，这种说法更容易引起顾客的关注，究其原因，就是故事中有现实场景的融入。

同样，一些矿泉水厂商和销售商声称自己的矿泉水取自×××地方，甚至精确到×××山、×××湖；牛奶制造商声称自己的牛奶产自×××草原的奶牛……他们将现实场景融入故事，故事的真实性一下子被提高，消费者不知不觉就被带进商家的故事中。

因此，对商家或者销售人员来说，必须掌握的一个技能就是利用现实场景创造一个丰富的世界，并将整个故事变成消费者世界的一部分。

第六章

攻心为上，心动的说服让人无法拒绝

———

　　讲故事，最终的目的是说服，而说服就是让人心服口服。说服的往往是人心，而讲故事往往需要征服的也是人心。

　　当我们想要给对方讲故事的时候，首先我们要消除对方的戒心，这样听众才能接受我们的故事，然后，我们再开启讲故事模式。在讲故事的过程中，我们要巧用各种方法，使听众的心不由自主地跟着我们走，最终被成功地说服。

———

灵活运用"30秒法则"

讲故事遵循"30秒法则"，可以让故事讲述者更加轻松自如地讲完整个故事，而不必担心听众是否会感兴趣，因为听众已经完全沉浸在讲述者所构建的世界中了。

"30秒法则"包括4条，它们分别是：第一个30秒，引起听众的注意；第二个30秒，引发听众的兴趣；第三个30秒，引人入胜；第四个30秒，引出听众的行动。

"30秒法则"看似简单，但并不是一件容易做到的事情。这需要讲故事者首先应具备构思能力，并能够快速行动。同时，讲故事者还需要具有灵活的应变能力，在面对突发情况时能够为好地处理，并能够将听众需要的信息及时反馈给他们。需要注意的是，这个法则虽然能够为你的故事锦上添花，使故事更生动，但是并不代表它能雪中送炭，代替你讲故事。

1. 第一个30秒

第一个30秒，要求故事讲述者在刚开始的30秒内吸引听众的注意力。就像电影中的故事一样，一个充满悬念的开头往往能够吸引观众的眼球，即使后面的剧情有些纰漏，故事也会吸引力十足。平时在生活中讲故事也要遵循这样的原则。

人们每天都要接触大量的信息，如果你的故事开头平淡无奇，那么听众很容易直接将其自动过滤掉，就算你之后再努力也很难挽回听众的心。

科学研究表明，30秒的时间是人的大脑接收信号、形成反馈并做出反应的时间。因此，听众可以在30秒的时间内通过潜意识判断出你所讲的故事是否值得他继续听下去。

此外，如果在一开始的30秒内无法打动听众，就算他认真地听你讲故事，事后他的记忆时间也会短很多。

这是一个很难掌控的因素，主要取决于信息是被过滤掉了还是被传达到了大脑皮层。而那些情商高的人总是善于利用这30秒牢牢抓住听众的心，使听众的注意力紧紧跟随着自己。

我们可以以一种搞笑或者有深意，或者一种极具个人特色的方式开场，这会让听众从心理上接纳我们，从而接纳我们的故事。

2. 第二个30秒

第二个30秒，讲故事者需要做的就是使听众对故事感兴趣。在第一个30秒吸引听众的注意力以后，故事讲述者接下来要做的就是不让听众失望。吸引听众的注意力只是一个起点，而不是终点。故事是否讲述成功还在于听众的参与意愿，以及是否愿意跟随故事的

脚步向前走。

有的人在讲故事的时候，一开头特别有吸引力，可是讲着讲着就开始变得枯燥无味，听众纷纷离席，这应该是讲述者最不愿意看到的，也是令人最无可奈何的事情。因此，讲述者要想方设法引起听众的兴趣，没有什么比好奇心更有效的了。许多高情商人士都惯用这种讲故事方式。

3. 第三个30秒

这个30秒对讲述者来说更加困难，他需要进一步吸引听众的注意力，将听众带入一个引人入胜的故事中。

引人入胜的故事需要有一套完整的故事体系，这就对讲述者提出了更高的要求，包括说话的逻辑性、语言表达能力、故事性，甚至对讲述者的现场发挥、语气动作都是不小的挑战。

除此之外，讲述者所讲的故事还要符合人们的生活逻辑。对于故事主人公的情况要有适当的交代，比如他的身份地位、居住环境和心理状态，这些不需要刻意说出，但是要隐藏在所讲故事的字里行间，作为一个隐形线索而存在。

通过讲述者的用词和语句，听众可以在脑海里勾勒出主角的个人形象，从而对他所遭遇的事情和他的所作所为感同身受，愿意随着故事中的人物一起去经历、去感受，从而产生强烈的心理共鸣。只有这样，听众才会对故事的进一步发展和结局格外关注，也才有继续听下去的欲望。

4. 第四个30秒

这是讲故事的最后30秒，需要引出听众的行动，也就是让听众愿意向前一步，成为行动者。以自身的力量激发听众行动，这是许多政界和商界人士经常采用的一种方式。

乔布斯就是这样一个讲故事的高手，他独树一帜，常常将苹果发布会演绎成一个故事，而且是一个激励年轻人的新潮故事。在这个故事中，年轻人是与众不同的主角。试想：哪一个年轻人不希望自己成为主角呢？

也因此，每次乔布斯主持的苹果发布会都座无虚席，除了吸引媒体外，还吸引了不少消费者的目光。在他的独特魅力下，苹果产品广受好评。

人们常说："万事开头难。"要想有一个好的开头，我们就要掌握"30秒法则"，将4个关键的30秒逐一击破，这样，我们定能在讲述故事时有所突破。

用口语拉近彼此的距离

纽约大学的克拉克博士提出了这样一个观点："市场经济条件下，商家更应该刺激和开发消费者的右脑。"其实，不只在销售领域，在任何其他领域，想要说服别人实现自己的目的，都要采用"右脑式思维"（即通过刺激客户的右脑，将一个商业概念与人的情绪、情感和感受相结合，从而引发更深层次的绑定效果），唤醒对方的右脑。

这要从大脑的功能说起。在科学家看来，人的左脑应该被称为"文字脑"，主要作用是处理文字和数据等抽象信息，具有理解、分析、判断等思维功能；而右脑则应该被称为"图像脑"，主要处理声音和图像等具体信息。右脑能够将接收到的信息转换成图像，具有想象、创意、灵感和超高速反应等功能。如果说左脑侧重于理性，则右脑侧重于感性。

比如，当一段描述"牛吃草"行为的文字出现时，左脑所进行的工作就是确认那的确是一头牛，而不是其他动物，并弄清楚它是如何吃草的，以及吃的是什么草，再看看这段话中是不是还隐藏了一些其他的信息。而右脑则不会做那么枯燥的工作，它会首先在影像库中进行搜索，这时会呈现出一头牛吃草的画面。为了使画面更加生动形象，右脑还会自动浮现出湛蓝的天，碧绿的草地，悠闲自得的牛，甚至还会联想到牛吃草的声音。

因此，当你试图说服别人的时候，你最好能够让对方的右脑发挥作用，让他的右脑呈现出一幅画面，这样他就能利用自己的感性思维来决定是否接受你所要表达的观点，也就更容易被说服。如果你一味用比较抽象的事实使对方不得不用左脑进行理性分析，则一旦发现你的观点中有纰漏，他就会立刻做出否定的表示。

这也就是说，我们在说服别人的时候，应试着运用"右脑式思维"。在移动互联网下，"右脑式思维"已经成为一种新的竞争武器，被人们广泛应用。

而想要唤醒对方的右脑，使所说的话充满画面感，最好的方式就是讲故事。

那么，我们如何运用"右脑式思维"讲故事呢？我们需要做到两点。第一，要想方设法消除对方的排斥。第二，要将个人情感融入故事中。这就要求我们用朴实的语言来讲述故事，因为朴实的语言可以让对方感觉你们的关系不是说服与被说服，而是在话家常。这样能拉近双方之间的距离，对方也能把我们讲的故事听进去。

不过，在运用"右脑式思维"讲故事的时候，我们还可以灵活运用以下两个技巧。

1. 学会渲染

用朴实的话讲故事，并不是一直用平淡的口吻平铺直叙，而是在此基础上进行渲染。当然，渲染的前提是内容要真实。与对方交流的时候，你最好在告诉他们你做了什么的时候，加上自己的感受，用真实的情感去打动他们，让他们自然而然地与你产生共鸣。

著名作家马克·吐温曾提出一项写作准则："别只是描述老妇人在嘶喊，而是要把这个妇人带到现场，让读者真真切切地听到她的尖叫声。"讲故事也是这样，你要想方设法将对方带入你的故事当中，让他们将自己想象成故事的主人公，身临其境，真切地感受故事里的人所面临的困境。

一旦故事与某个人的经历有关，你就能深深触动对方的情感，从而在不经意间将其说服。

2. 用口语代替专业术语

我们或多或少都听过一些枯燥的故事，讲故事的人往往照本宣科，丝毫不带感情，故事一点都不生动，听众也就不会认真地听了。其实，听众一开始就非常抵触和排斥这样的故事。

造成这种现象的原因通常是讲故事的人总是将一些专业、行业术语挂在嘴边，故事晦涩难懂，听众自然就没兴趣听下去了。事实上，专业术语从来不适合出现在故事中，它们最适合出现在研究、理论文章和会议等场合。

　　讲故事的人要时刻记住，故事是要讲给对方听的。对方在看着你，你也在看着他们，你要用很自然的口语，像平时对话一样将你的故事娓娓道来，让听众了解故事里的人和事。这样，听众才不会对你的故事充满抵触和排斥，他们多半会露出满意的神态，甚至会随着故事的发展，变得时而高兴，时而紧张，时而沉思……这样，双方才真正实现了情感交流。

把握故事主题，抓住听众的心

就如同散文的"形散神不散"，每一个故事也应围绕一个主题展开。故事的主题就是故事的灵魂，它能够牢牢抓住听众的心。要想把握好故事的主题，你需要注意以下事项。

1. 弄清故事的主题

精彩的故事并不是纯粹的煽情和空想，故事里面一定有一些令人信服的因果关系，以及一些与世界运行法则相对应的信息传递。因此，我们在讲故事前，一定要弄清故事所要传递的主题信息。这非常重要，因为它往往可以成为故事的选材和发展方向的导引，使故事紧凑有力。

如果没有弄清故事的主题，只为讲故事而讲故事，故事越讲越远，那么听众很可能会不耐烦，根本不可能听下去。

国内一家制造公司H想要进军南非市场。当时，在一家外企的牵线下，H公司准备与南非一家大型加工厂——安诺公司谈判合作的问题。这原本是一个很好的合作机会，只要将自己的产品卖给对方，H公司就能顺利打开南非市场。

H公司为这次谈判做了充分的准备工作，谈判人员准备在谈判之初先讲一个故事，故事大意是安诺公司前一任合作者的产品就是H公司提供的，双方的合作涉及技术转让、产品供应、人员培训等多方面的内容。

不过，在快要谈判的时候，安诺公司此行的负责人需要接待新的客户，所以只留出10分钟的时间来听H公司的介绍。很显然，这点时间对于一心想要好好表现的H公司来说完全不够用，谈判人员一直在努力想办法拖住安诺公司的谈判负责人，并且想当然地认为对方不至于因为短短的几分钟而浪费这么好的合作机会。

然而，事实是，H公司在超过2分钟的时间后，依然没有将故事讲完，而安诺公司的谈判负责人根本无心继续听下去，仓促地离开谈判桌，双方的合作计划就此搁浅。

H公司似乎非常努力想要表达清楚自己的信息，但是忽略了对方的时间限制，没有拣最重要的内容来说，最终导致谈判的失败。

事实上，一个好的行销故事，不在于它的内容多么简短，也不在于它的篇幅多么短小，只要它能将事情说清楚，向对方传达出那些最重要的信息就行，这是确保故事得到简化的一个重要方式。

2. 处理不同类型故事的主题

讲故事本身是一种行为，任何行为都有一定的动机和目的，讲故事也不例外。讲故事其实是一种高技巧的叙述，我们必须将背后的动机和所蕴含的寓意表述清晰明了，而不是简单地堆砌一些零零碎碎的事件。

当然，有人会这样说："我没有什么其他的想法，只是想把故事讲出来。"这样其实也有分享的动机。他为什么想要分享这个故事呢？或者说，这个故事有什么值得分享的地方？

故事带来的信息往往有需要听众知道的价值。对故事所蕴含信息的有效处理，常常可以使故事叙述本身更精练，也更有活力。

对于不同类型的故事，我们需要采取不同的技巧去处理那些想要表达的信息。

比如，对于新闻故事，动机一般是报道发生的真实事件，因此在处理这些故事的时候一定要尊重新闻事件本身所包含的社会信心，不要过度注入个人的主观思维。

寓言故事则相反，它的情节纯属虚构，但是对某些人生处境有着强烈的教育动机。如果故事带出来的信息不够清楚，就不能达到教育和启发的目的。

至于小说、戏剧和电影，则属例外情况。它们毕竟是艺术，如果过于注重故事的动机和想要表达的信息，那么很可能会沦为教条式的东西，作品也会变得呆板沉闷。

3. 分清宏观主题和微观主题

每一个故事都应有一个明确的主题，这个主题可以是宏观的，也可以是微观的。当故事以讲述一个时代为主题时，这个主题就是宏观主题。与此相反，如果故事只是以讲明一个故事为主，这个主题就是微观主题。

宏观主题和微观主题各有各的优点，如何取舍则取决于讲述的动因。如果你想用故事来阐述当今社会问题，则你从宏观角度出发似乎更有说服力；如果你想向周围的人诉说身边发生的事，则你从微观角度出发更恰当一些。

主题是一个故事的指导线，在主题这条指导线的带领下，故事才能直达主题，丝毫不拖泥带水。

走心、动情，让故事戳中人心

有吸引力的故事固然能够让听众产生兴趣，但是，这样还不够。一个好故事不仅要有吸引力，还要具备戳中人心的特质。

这是因为，讲故事的最终目的是说服对方，而说服意味着使对方自发地进行改变，并且是自愿的，而不是强制性的改变。因此，我们可以通过讲故事动摇对方的心，使其自愿接受我们的建议或者要求。

1. 找出双方的情感共通点

人类是世界上感情最丰富的动物。人类的认知、行为以及其他方面，几乎都会受到情感的驱动。因此，要说服一个人，首先就要打动他，找出你们之间的情感共通点。

举个例子，有4个人，分别是甲、乙、丙和丁。其中甲、乙、丙是街舞爱好者，他们尤其喜欢看2018年的热播综艺节目《这！就是街舞》，一聊起这个节目，个个眉飞色舞，神采飞扬。而丁对这个节目不感兴趣。

甲、乙、丙3个人聊得比较投机，这成了他们的情感共通点。有情感共通点的人在聊天的时候自然会轻松愉快很多，即使你再塞给他一个观点，他也能很快接受。

当我们想要说服别人时，我们可以先拟定一个说服的计划，找到彼此的情感共通点。一般来说，对方的经历、对待事物的态度、个人喜好等都可以作为判断的依据。然后，我们再根据这些判断为对方讲述一个专属于他的故事。这样做，一定能起到事半功倍的效果。

2. 用情景故事戳中泪点

心理学家认为，感情是人对客观事物好恶的反映。因为感情，人和人之间才能建立良好的关系，从而产生亲切感。通常情况下，如果人们相互之间有了亲切感，他们之间的吸引力就会增大，影响力也会逐步增强。

事实上，那些情商较高的人都善于利用这一点。他们总是能够做到让他人与自己产生共鸣，让他人感受到他所感受到的，也总是能让对方同意自己的观点，去做自己想让对方做的事。

有一家布鞋专卖店刚刚开业，一位顾客决定进去逛逛。他一进门，销售员就开始迫不及待地介绍自己的产品："我们的布鞋都是纯手工打造的，做工精致，鞋底非常厚实，不容易被磨掉，而且保暖性非常好。我们的布鞋适合不同地方的人穿。从黑龙江到北京，再

到上海，哪怕再往南方的人，都可以穿这种布鞋，而且不会产生任何不适感。"

这位顾客随便看了看，似乎觉得这些布鞋并不像销售员说的那么好，就不打算买了，准备离开。

这时，经理突然说道："我记得小的时候。妈妈经常熬夜给我做鞋子，连着几个晚上纳鞋底，那个时候她的眼睛不太好，纳的鞋底可没有现在这么好看。"

听完这番话，顾客的脑海里立刻出现了一幅温馨的画面：夜已经深了，外面刮着大风，一位头发花白的母亲，在昏暗的烛光下，一针一线地为孩子们做鞋子……

顾客走出这家布鞋店之后，脑海中的画面越来越清晰，他情不自禁地返回店里，一口气买了3双布鞋。

不得不说，布鞋店的这位经理是一个情商很高的人，他设置了自己的一个情景故事，将顾客代入自己的故事中，从而使顾客产生强烈的情感共鸣，最后心甘情愿地掏腰包买了3双鞋。这是一次成功的说服，也是一个利用情景故事进行销售的成功案例。

3. 表现真善美的故事更感人

在这个世界上，没有什么比人的真善美更能打动人心的了，比如亲情、友情、爱情等，尤其是人间的真情。生活中这些真实、美好、善良的情感，往往是人们内心最柔软的地方。就像下面这则故事，听起来是那么的感人。

印度前总理英迪拉·甘地夫人原本是一个不善言辞的人，但是早年她曾受邀去发表演说。在那次会上，会议主持人梅农突然宣布甘地夫人上台讲话，这让她十分惊讶。在此之前，她只在儿童时代的集会上发表过讲话，还从来没有当着成人听众发表过演说。

甘地夫人十分害怕，几乎发不出声音。但是最后，她还是勉强讲了几句，会场中的一个醉汉说："她不是在讲话，她是在尖叫"。听醉汉这么一说，听众顿时哄堂大笑。自此以后，甘地夫人发誓再也不在公众面前讲话了。

可是不久她就"食言"了：不仅当众演讲，还讲得非常精彩。

那是在非洲，甘地夫人被邀请去大会堂发表讲话。她对受邀者说："我一句话也不准备讲，只有依了我这个条件，我才去赴会。"主办方已经安排好了一切，最后只能无奈地说："你只要坐在讲台上就行了。"

那天的会议安排在下午4点，一上午的时间，甘地夫人都在非洲铁路工人的生活区进行访问，那里的生活条件非常糟糕，她为此十分生气。

在招待会上，当尼赫鲁小姐发言之后，甘地夫人一拍桌子说："我倒要讲讲。"这让主办方非常吃惊，还没等他们反应过来，甘地夫人已经走上讲台，开始了她的演讲。她激动万分，讲述了班图人和他们恶劣的生活条件。

甘地夫人的演讲当然大获成功。当她的讲话在报纸上刊登出来以后，她受到了众人的拥戴，不管走到哪里，都会受到人们的欢呼。

甘地夫人成功的演讲与她的口才无关，因为她是一个不善言辞的人，她对铁路工人糟糕的生活条件的同情和她的正义感，打动了所有听众。也可以说，她所讲的关于铁路工人的真善美的故事，使她赢得了掌声。

幽默：情感的催化剂

幽默是日常生活中不可或缺的调味品。在很多场合，一个幽默风趣的人比一个一本正经的人更受欢迎。有了幽默，你在很多场合都能如鱼得水。因此，你不妨经常把一些幽默故事、段子挂在嘴边，这会让你的个人魅力爆棚。

1. 幽默是一把万能钥匙

幽默是人类智慧的产物，是一种人生态度，更是一种人生智慧。一个人的智慧决定了他是否幽默风趣，而幽默的语言风格又使一个人绽放出智慧的光芒。

来自美国329家公司的众多行政主管人员曾经参与了一份幽默意见调查。结果显示，97%的企业主管相信，幽默在企业界具有十分重要的价值；60%的企业主管相信，幽默感决定着一个人事业的高度。

同样，职员对于具有幽默感的企业领导非常有好感。在一项最受职员喜爱的CEO调查中，"幽默型CEO"位列榜首。

与此同时，许多企业不惜花大力气来增强职员的幽默感。很多

具有很高知名度的大企业，都争先恐后为职员安排了训练幽默感的课程。

理由其实很简单，在这个沟通的时代，幽默感与决定沟通能力的情商有直接的关系。那些幽默的人情商相对较高，而那些情商高的人善于运用幽默故事来拉近与对方之间的距离，打开对方紧闭的心门。

2. 用幽默故事化解尴尬

许多出色的政治家都是情商高的幽默故事家。美国总统林肯就是其中的一个代表性人物。他凭借充满才气和幽默感的演说，征服了大部分美国民众。

下面，我为大家讲述一个林肯在参议院议员选举中作为候选人与竞争对手道格拉斯交锋的故事。

那天，道格拉斯率先登上讲台，以高亢的声音向听众讲出了林肯曾在商店卖酒的故事，想以此对林肯进行抨击。

在场所有人都在看着林肯，想象着他会做何反应。只见林肯面带微笑，心平气和地讲述了对手的一些陈年旧事，以此作为对对手的回应。

他说："是的，我承认，这位候选人所说的都是事实，我确实卖过酒。不过在我经营商店的时候，来店里买酒买得最多的就是这位道格拉斯候选人，他是我店里的常客。并且我可以很明确地告诉大家，我已经不卖酒很多年了，但是道格拉斯候选人依然是那家商店的常客。"

通过这段话，林肯承认了自己曾经卖酒的行为，同时也指出了对手买酒喝的行为，其中没有半点直接批评道格拉斯的意思，却有力地回击了候选人道格拉斯的挑衅，保护了自己的尊严和威望。

3. 为幽默注入人情味

2012年，斗山集团的朴容昕董事长与新入社女职员之间的短信内容曝光，这一度成为人们茶余饭后热议的话题。

事情源于朴容昕董事长在社交网页上所发的一条状态，文字内容是"打完棒球正在休息的时候，突然收到一个女职员发来的消息"，后面还附上了对话窗口的图片。

我们从图片中可以推测，这个女职员首先给朴董事长发了一个字："喂！"朴董事长立马回复道："我？"这时，女职员才意识到自己发错信息了，立刻诚惶诚恐地道歉。收到女职员的道歉信息以后，朴董事长给出了这样的回复："嗯，是应该对不起。在墙上使劲撞3下脑袋吧！星期天好好休息吧，呵呵。"

试想，那位女职员刚入职不久，却向高高在上的董事长发出了如此没有礼貌的内容，内心一定非常惶恐。但是，朴董事长以自己幽默又富有人情味的回复化解了女职员的尴尬和窘迫。

幽默的语言可以使紧张的气氛顿时变得轻松活泼。你若在幽

默中透出亲和，则能让对方感觉到善意，你所表达的观点也更容易被对方接受。在每年的文艺晚会上，相声、小品类节目之所以常常受到人们的热捧，就在于它的表现形式幽默搞笑，它那充满幽默又不乏亲和力的语言风格使观众深受感染。

在日常生活和工作中，幽默又不失亲和力的语言风格常常被人们运用自如，并经常能收到良好的效果。有时候，快乐、幽默不仅仅是一种心情，更是一种积极的思维方式和生活方式，也是一种观察世界的方式。当两个陌生人面面相觑、无话可说时，当冲突无法化解时，当在公共场合遭遇冷场时，幽默的故事、段子都是很好的救场武器。

因此，在生活中，我们不妨运用幽默故事、幽默段子幽默一把，给别人带去欢乐，自己也会收获更多。

第七章

动用全身的力量，让表述更具感染力

如果你在讲故事的过程中能配合眼神、手势、表情、动作等，再加上用抑扬顿挫的话语讲述，故事就会有足够的吸引力，让听众迫不及待地想要了解故事的高潮和结局。至此，你已经成功了一大半。

用肢体语言"演"出你的故事

一位心理学家说过这样的话："大多数人在接受他人传达的信息时，语言只占信息接收的15%，其他85%的信息都是依靠叙述者的面部表情、肢体语言、声调和节奏等因素取得的。"

的确如此，品头论足是人的天性。不知道你是否意识到，不管你怎么刻意去避开自己的偏见，但还是忍不住会对别人上下打量、从头到脚品评一番，甚至连对方使用的笔、他的发型，也会成为你评判的依据。这就像我们对一本书的评价那样，即使清楚地知道仅凭封面无法判断一本书的好坏，我们也会下意识地通过封面来猜测。

自己尚且如此，别人更不用说了。当你讲故事的时候，听众一定会从你身上的方方面面去分析你，分析你的话外之音。

于是，当你讲故事的时候，听众总是会下意识地去分析你是一个什么样的人，有的人会根据你的衣着去判断你的言辞，有的人会根据一个传闻来欣赏你或者否定你，有的人会刻意注意你的眼神，他们认为眼睛是心灵的窗户，还有一些人特别相信自己的直觉，对你第一印象的好坏全凭直觉判断。

比如，如果讲话者一味强调勇气，却在讲话时两腿打战，声音中透着胆怯、懦弱，听众就会对他所说的话产生怀疑；一个穿着阿玛尼名牌衣服，趾高气扬地对别人发号施令的CEO，却向听众讲述关于谦卑的话题，这一定会让听众感觉很虚伪；等等。

这是属于讲话者的气场，如果讲话者所表现出来的气场与他所讲述的话题相背离，那么他很可能会失去听众的信任，招致反感和不屑。

既然你无法左右别人的思想和看法，不能决定别人会选择以何种方式来解构你的故事，那么你所能做的就只有尽可能优化你所传送出去的信息。这就是说，在讲故事的时候，你要投入100%的热情，全力以赴去演绎一个精彩的故事，从而带动和换取听众的积极回应。

如何将一个故事演绎得更精彩呢？一个重要的方法就是运用肢体语言。肢体语言包括多方面的内容，比如眼神、表情、手势、站姿、走路的姿势等。肢体语言往往包含多方面的含义，传达出更多的情绪、想法和其他一些内在的东西。

因此，从某种意义上来说，肢体语言能够让整个故事显得更加真实，也更有煽动性。

比如，有的人在讲故事时，会用手势进行比画，这种比画会让故事显得更加真实可靠，一些恰到好处的手势也体现了讲故事者的热情和专注。

还有一些人在讲故事的时候，表情丰富，时常露出喜悦、惊

讶、无奈、忧伤等表情，这些表情很好地配合了故事情节的发展，也增强了故事的节奏感和情感特性。这些都能对听众产生影响，尤其对引导听众的情绪和情感起到很好的作用。

不管是表情还是动作，实际上都是与故事相辅相成的，好的肢体语言需要一个好故事作为载体，而一个好故事同样需要恰到好处的肢体语言进行配合演绎。那些情商比较高的人常常将两者完美结合，产生令人意想不到的效果。

迈克·皮尔斯是一个普通的销售员，但是他的工作很特殊，特殊之处在于他在专卖店里卖女性内衣。事实上，这项工作通常是女性来做的，然而皮尔斯却偏偏喜欢上了这份工作，而且重要的是，他比任何人做得都棒。通常情况下，一个女性销售员每天能卖出4件内衣，但是皮尔斯能卖出9件内衣。

这究竟是怎么回事呢？皮尔斯在销售方面有什么诀窍？

按理来说，在销售女性内衣方面，女性应该最有话语权。但是事实并非如此，皮尔斯有一套属于自己的销售技巧。有人曾对皮尔斯进行近距离的观察，发现他是一个善于与人沟通的人，他总是能讲出一些有趣的事情来吸引别人的注意力。在工作中，他同样是一个讲故事的高手，他总是能够利用一些好故事来推销自己的产品。比如向顾客介绍某位大明星的穿衣风格、某个关于内衣的奇闻逸事，或者某位女顾客穿衣方面的冷笑话，这些故事他信手拈来，而且最重要的是，他的肢体语言特别丰富。

　　皮尔斯在讲故事的时候，能够将肢体语言与故事的内容巧妙地结合起来，产生很强的感染力。比如，他的眼神总是热情而富有魔力；他经常通过微笑来打动人心；在谈到一些稀奇古怪的事情时，他会露出夸张且惊讶的表情；他的手能够完美地比画出想要描绘的东西；他懂得何时与顾客发生正常的身体接触；等等。

　　皮尔斯对销售工作做了一个很好的总结，他说："好的销售应该是这样的，将你的故事融入身体当中，然后在讲故事的时候，用形体一点点展现出来。"

　　这句话其实对任何一个讲故事的人都适用，因为肢体语言本身能够很好地融入故事当中，从而展现故事最大的魅力。

衣着与姿态，展现你的魅力

在决定外貌与第一印象的要素中，衣着与姿态必不可少。

对方在你开口之前就已经对你的多个方面有了初步的判断。你想要表达的东西首先可以通过你的着装和身体姿态表现出来。如果你在这两个方面展现出独一无二的风格，你就可以在个性上获得满分。外貌虽然不能作为判断一个人的价值指标，但是它对第一印象会起到很大的决定作用，所以对于这方面绝对不能掉以轻心。

演说界有这样一句话："外貌或者成就一个演说，或者毁掉一个演说。"对此，我们应时刻铭记于心。

1. 着装应符合特定的身份和场合

最近，已故的史蒂夫·乔布斯的演讲风格逐渐流行起来，有的人甚至对乔布斯演说时的衣服进行模仿。他们穿着随意，穿着高领毛衣和牛仔裤就登台演说，并且想当然地认为"只要演说内容好就可以了"。

然而你要知道，你并不是史蒂夫·乔布斯！乔布斯作为苹果的

CEO，具有独特而威严的领导气质，他穿着休闲的衣服反而有助于拉近和听众之间的距离。

一般来说，讲话者的衣着应该能够显示出其专业的精神，并与听众、讲话主题和场所等相搭配，给人以端庄的印象。讲话者的穿着或者饰品不应该分散听众的注意力，或者妨碍信息的传递。

在传统观念里，人们常常对那些在正式场合穿着随意的人没有好感，他们认为这样是对别人的不尊重。

对于人们在公共场合讲话时的着装，美国著名演说家博恩·崔西建议："演说者的穿着无论何时都应该和人们的水平相一致或是比人们穿得更为干练。演说者对人们来说应该总是表现得非常专业。"

那么，究竟该怎么穿才能使自己看起来更专业呢？

如果讲话者为男性，那么穿衣服最基本的要求就是商务正装。穿上下身颜色和材质都统一的套装是首选。正式衬衫的颜色应该是以白色为主，尽量不要穿颜色过于鲜艳的衬衫。衬衫的袖子最好比上衣的袖子长1~1.5厘米，这样看起来比较端正。此外，系纽扣也要遵循一定的原则，比如，穿有2颗纽扣的上衣时应该系上面的纽扣，穿有3颗纽扣的上衣时应该系上面的2颗纽扣。

男士的主要饰品就是领带，通过观察领带，我们可以看出一个男士的个性及他所追求的形象。领带的颜色和质感要与所穿的衬衫和套装相协调，这比为领带选什么样的花纹更重要。领带的长度以稍微能触碰到皮带为宜。

男士所穿的袜子的颜色应该与套装一样，以黑色为主，皮鞋也是一样。

如果讲话者为女性，最基本的要求是正装裙装，如果想要强调活泼的形象，那么穿正装裤装也是不错的选择。颜色通常以灰色、海军蓝、驼色、黑色为主，但是全身上下的颜色不得超过3种，这样才可以给人以安定感。女士们要谨记，不管在什么样的场合，都不要穿细节过于华丽的衣服，或者佩戴过多的首饰。

对于皮鞋的选择，最好穿鞋跟高度为5~7厘米的黑色皮鞋。绝对禁止裸露自己的腿部，咖啡色的丝袜是最适宜的。

如果想要成为一个拥有良好形象的时尚人士，平时就应该培养自己挑选衣物的眼光，并进行合理搭配，穿出自己独特的风格。穿着有品位、与当时的氛围相得益彰的衣服能够让自己更加熠熠生辉。

2. 姿态是名片

讲话者的姿态对讲话内容会产生一定的影响。

有一个人慕名去一所学校听一场演讲。演讲者是该领域的专家，声音非常有魅力。这个人对这次演讲充满了期待，他认为该演讲者具备了好的演讲应具备的所有条件。

然而，还不到5分钟，这个人就大失所望。不仅是他，随着时间的流逝，几乎所有的听众都开始不安分地扭动身体，他们逐渐玩起了手机，一个个低着头玩得非常起劲。

这到底是怎么回事呢？

这与演讲者的姿态有很大的关系。一开始的时候，该演讲者站在讲台上，微驼着身体，第一句话就让人不知所措。他说："事实上，这是我第一次做演说……还真有些不知所措，虽然我答应了学校的请求，过来做一场演说，但是我真的不知道该讲些什么。不管怎么样，我先开始讲吧。"

在演讲的整个过程中，这位演讲者始终没有面向听众，他的视线一直朝下，头也没有抬起来过。他的两条腿一条直立，另一条则弯曲着，并不时用左手做一些挠头、摸鼻子的小动作。这些动作无一不透露着他的不安。

事实上，演讲者的不安会原封不动地传递给听众，让听众的内心也变得忐忑不安。而挺拔的姿态能够给人以专业、值得信任的感觉，从而将人们的视线集中到演讲者的身上。

讲故事要与对方进行一对一的视线接触，因此，笔挺的身姿，运用自然、灵活的手势，可以给对方以安定感。

此外，站姿和走路的姿态同样可以成为一种身体语言。讲话者应该挺起胸膛，视线与对方持平。一般来说，外表姿态往往是内心姿态的象征。感情安定、内心坚定的状态下，身体自然呈现出笔直的姿态。而这种姿态下所产生的领导气质是非常柔和而美丽的。

丰富的表情，更具表达力和感染力

有调查显示，面部表情所传达的情感，比其他任何形式所传达的情感都要明确得多。即使是一个嗷嗷待哺的婴儿，也能读懂人们的面部表情所蕴含的情感，比如喜悦、悲伤、恐惧和爱等。

因此，可以说，人脸是一种超越语言和文化壁垒的沟通渠道。在讲故事的时候，想要快速表达自己的情感，我们可以通过面部表情来实现。

比如，想要表达自己在看到某人做完某件事之后的喜悦之情，我们可以面带喜悦的表情，说："她做完某件事了。"如果只用陈述性的话语"我看到她做完某件事之后，真的非常高兴"，则效果显然不如前者那么生动、传神。

然而，面部表情也有其不利的一面。面部表情的弊端在于它太诚实，能够将你不愿意表露的情感也展现出来。比如，当你生气时，不管你再怎么掩饰，脸上都会多多少少浮现出生气的表情；当你讨厌某人的时候，你总会流露出一丝讨厌的表情；当你感到失望，甚至绝望的时候，你仍然努力去激发别人的热情，就会显得非常虚伪。

事实上，讲述成功励志故事的最大障碍就在于，沮丧和无望的情绪抵消了故事的力量。如果你感到沮丧，那么你需要的不是给别人讲故事，而是给自己讲一个故事，让自己相信这个故事，重新激发自己的热情和激情。如果自己内心充满激情，充满能量，那么脸上的表情一定是积极向上、容光焕发的。

如果你理解了故事所要传达的真正含义，能够感受到故事里所蕴含的情感，你的面部表情就会不自觉地将这种含义和情感传达出去。

举例来说，当你想要向对方传达"我没有办法相信他，我认为他就是一个疯子，但是我不能这样对他说"，你可以不必多费口舌，只需要挑眉和转眼睛就可以实现了。而要传达"我真是无语了，我还能怎么做？如果换成是你，你会怎么做？我真的不知道该说什么了"，你只需要露出惊讶的表情，张开嘴，摊开双手就可以实现了。

面部表情所传达的信息非常丰富，一个表情甚至能代替三四句话来表情达意，这可以大大提高故事的讲述效率。

下面，我就面部表情中重要的两个方面——眼神和表情，为大家做一个简要介绍。

1. 眼神

人们常说："眼睛是心灵的窗户。"其实，眼睛常常通过眼神

来传达信息、传递情感，可以说，眼神使得眼睛变得灵动、熠熠生辉。眼神是最生动、最微妙、最复杂的语言，也是最有表现力的沟通方式。

眼神通常不会骗人，它总是能坦诚地反映出内心真实的想法和情感。因此，在讲故事的时候，我们一定要注意眼神的表达，不同的眼神可以展示出不同的效果。有时候，听众透过讲述者的眼神，能够轻易看穿他的心理活动和想法，他们还可以通过讲述者眼神的变化来分析这个故事以及讲故事的人是否值得信赖。而故事讲述者所能做的就是让自己的双眼变得更加热情、专注、有神，从而让对方意识到自己的故事是真实的，自己的态度是真诚的，同时，给对方传达出一些正面信号。

事实上，对任何一个讲故事的人来说，他的眼神都会构成故事的一部分，或者说会成为听众窥探故事结构和内容的窗口。一些讲故事的人常常不注重眼神的表现，结果导致整个故事丧失魅力，本身也失去了吸引力。

（1）左顾右盼。

有的人在讲故事的时候左顾右盼，这会让听众感觉讲述者心不在焉，完全是在敷衍了事，或者感觉自己没有存在感。

（2）盯着地面看。

有的人在讲述时，眼睛会盯着地面看，这会让人觉得讲述者底气不足，不敢与他人进行眼神交流，是在逃避别人的质疑。

（3）盯着某个东西看。

有的人一边讲故事，一边盯着某个东西看个不停，这时，他就会显得目光呆滞、精神涣散。这样的表现会让听众猜不透他是在思考，还是根本就没有将注意力放在故事上，也没有放在听众身上。

（4）双眼无神。

有的人在讲故事的时候双眼无神，这会让听众觉得他根本没有心思讲故事，或者他讲的故事没有吸引力，因为连讲述者本人都没有表现出应有的激情和兴趣。

（5）眯着眼睛。

有的人在讲故事的时候眯着眼睛，这给人一种错觉：他是不是看不起我，是不是不太欣赏我？

（6）不停地转动眼珠。

有的人讲故事的时候不停地转动眼珠，这会让听众觉得他是不是在酝酿什么对自己不利的想法，目的是引人上钩。

对于以上这些讲故事眼神的错误表达，故事讲述者应尽量避免，最好给对方展示更具亲和力、更加热情、更加坚定的眼神。

2. 微笑

微笑是人类常见的表情，也是影响力巨大的一种肢体语言。微笑是人际交往中不可缺少的重要工具。作为一种积极、柔和的表达方式，它向对方传达出了友好的信号，所以它是一种降低别人戒备心理、缓和气氛、赢得好感的重要表达方式，能够使人与人之间的

关系更加亲密。

情商高的人就非常善于运用微笑这个极其有效的沟通工具，不管是在平时的交流中，还是在讲故事的过程中，他们时常通过微笑来与听众进行交流、互动。

华为创始人任正非在演讲的时候通常很严肃，但是在客户面前，他总是面带微笑，妙语连珠，展示自己具有亲和力的一面，这使得华为的客户几乎遍布全世界。

成功学导师卡耐基演讲能力超群，但是他自认为自己的演讲之所以成功，口才只是一方面，另外一个法宝就是微笑。微笑使得他的故事深入人心，因为他的微笑一开始就打消了听众的疑虑，慢慢消除了他们的防备和排斥心理。

对故事的讲述者来说，微笑是一张最好的名片，它使得故事讲述者的形象更具亲和力，也为故事的展开、向前推进做好了铺垫。微笑会让一个好故事更容易被人接受，这是一种心理战术。

恰到好处的手势，吸引对方的眼球

很多人认为，手势仅仅是一种毫无意义的"装饰"，和说话时挥舞双手一样，不过是起到一定的表演功效。事实上，手势并不只是为了凸显表演效果，展示个人形象，其中还隐藏了不少秘密。

手势所表达的含义通常和人的内心活动密切相关。因此，手势通常是个人想法和情感的一种间接的表达方式。在讲故事的时候，适时加入一些手势动作，可以对故事的推进起到一定的促进作用，也可以将故事讲述得更透彻，易于听众理解。比如，它可以加强口语的语势、展现讲述者的体态形象、增强讲话的说服力和感染力。

1. 合理的手势

合理的手势能够使故事中的人物形象变得更立体、更丰满，还能让故事情节变得更生动，更能给故事讲述者的形象加分。

（1）手掌摊开，手指笔直。

这是代表坦率的手势，表明了你愿意接纳对方，愿意和对方进一步交流。反过来，当你将手背向外时，表明了你不愿接纳别人，

说话也不够坦诚，给人一种在应付工作的感觉。

（2）十指交叉成塔状。

讲故事者要表现出自信的一面，这样才能对听众产生较大的吸引力和说服力。十指交叉成塔状是一种自信的手势。运用这种手势，讲故事者可以让故事变得更加真实可信，因为听众会从这个手势中解读讲故事者的信心来源，从而将焦点放在故事上。

（3）挥动双手。

如果听众的情绪没有被调动起来，或者听众对故事的反应不那么强烈，讲故事者可以挥动双手，挥动双手往往有鼓舞人心的作用，因而能带动听众的情绪。

2. 不合理的手势

不合理的手势不仅会影响故事讲述者的形象，还会让故事变得不再真实可信，让听众对故事产生怀疑。

下面的手势就是交往中不该出现的动作，我们在讲故事的时候一定要避免出现。

（1）紧紧抓住一个东西。

突然紧紧抓住一个道具，或者是一个卷起的纸筒，也可能是杯子或者椅子的把手，这些都表明讲故事的人是一个控制欲比较强的人，但缺乏自信和安全感，他们只有通过抓住和控制一些东西来掩饰自己的真情实感。这就使得他们容易撒谎，或者尽量避免出现一些强烈的情感表现。

（2）用食指或者拇指指尖触碰嘴唇。

这是一种不安定的表现，是一种下意识的动作。讲故事的人要约束好自己的手指，尽量避免这样的动作，否则听众很可能会认为你的故事是胡编乱造的。

3. 运用手势的原则

手势可以说话，但是这并不是说你要像漫画中的人物那样张牙舞爪。事实上，在运用手势的时候，要遵循一定的原则，这样才能为你的故事增色。

（1）保持优雅、自然。

任何一种肢体语言，都要看起来端正、高雅，而且要符合生活美学的要求，手势同样如此。手势起着提示、启迪和强化故事内涵的作用，但是在发挥作用的同时还应给听众带来一种美的享受。优雅、自然的手势不仅体现了讲述者的素养和个性，还能让整个故事变得更加自然流畅。

（2）保持协调。

手势虽然只是手部的动作，但是它不是孤立存在的，讲故事者应将其与其他一些因素协调运用，这样才能达到应有的效果。

首先，手势应与全身相协调，包括形体的姿势、声音和表情等。手势与这几个方面相互配合，才能将故事演绎得更出色。其次，手势还要与话语相协调。简单来说，就是手势与话语同步，手势的起落应与话语的节奏一致，不能出现"话说完了，手势还没跟

上来"或者"手势很到位，话还没说出口"的情况。最后，手势要与感情相协调。讲故事者在讲述时如果慷慨激昂，那么出手的力度和幅度应该适当加大；如果感情平稳，甚至情绪比较低沉，那么动作幅度一定要小一点。只有这样，手势才能更好地衬托和传递自己的感情。

（3）适度、适量、简练。

手势的表达并没有次数的要求，但是需要和故事的内容相配合。事实上，故事的内容、节奏和现场气氛的变化都会对手势有一定的要求，因此手势必须和故事相配合。

另外，手势只是起到一定的辅助作用，所以在使用时应尽量做到简练、干脆、不拖泥带水，这样才能突出语言表达的主导地位。如果动作过于复杂和冗长，就可能会让对方觉得有些夸张，过于虚伪。

除了上面3个原则之外，讲故事者所运用的手势还要与自己的身份、地位、性格、体貌、性别、年龄等相符合，这样才能表现出自己的成熟、自信，以及良好的涵养、气质和风度。

巧用声线，让声音充满魔力

一个人的声音也是一种交流语言。各种各样的声音传递着不同的信息。通过语气、语调、语速的变化，人们可以自由地表达自己的各种情绪、情感，而且，不同的音色能够代表不同人物的形象。

希腊哲学家苏格拉底曾说："请开口说话，我才能看清你。"一个人的声音是其个性的表达，能反映这个人的内在。有魔力的声音总是能收到出其不意的效果。

波兰有一位明星，人们称她为摩契斯卡夫人。

有一次，摩契斯卡夫人去美国演出，台下有位观众请求她用波兰语念出台词。于是，她站起来，开始用流畅的波兰语念台词。台下的观众虽然听不懂波兰语，不知道她的台词所表达的含义，却觉得听起来令人非常愉快。

摩契斯卡夫人接着念，她的语调渐渐地开始变得低沉，最后在慷慨激昂、悲痛万分的感人时刻，她的台词戛然而止。台下的观众鸦雀无声，他们和摩契斯卡夫人一同沉浸在悲伤的情绪中。

正在这时，台下传来一个男人的笑声，这个男人就是摩契斯卡夫人的丈夫——来自波兰的摩契斯卡伯爵。他之所以会忍不住发笑，是因为摩契斯卡夫人刚才只是用波兰语背诵了九九乘法表，并不是她表演所要用到的台词。

从这个案例中，我们可以看出，一个人仅凭声音就能感染他人，甚至可以完全掌控他人的情绪。

然而，很多人在讲故事的时候，并没有意识到声音的重要性，更不觉得自己的声音有问题，即使觉得自己的声音不那么有魔力，也会认为，一个人的声音是天生的，是无法改变的。其实不然，任何一种说话习惯都是慢慢养成的，只要我们愿意主动纠正自己的不良说话习惯，我们就可以拥有有魔力的声音。

为了达到理想的声音效果，我们不妨从以下几点入手，来调节自己的声线。

1. 选择适合的音调

一般来说，不急不缓、中等速度的声音是最适合的，因为这种声音能给人一种亲切、自然和自信的感觉。音调过高或者过低都不利于声音的表达。声音过高、说话语速过快，显示出说话之人性情急躁，过于幼稚和偏执，会使人产生厌恶的感觉；说话声音过低、语速缓慢，则显示出说话之人很可能没有自信，性格中有优柔寡断的一面，看待事情比较悲观，处理事情常常畏首畏尾，不能放开手脚大干一场，这就容易使人产生审美疲劳。

一个人的音调反映了他的内心世界、情感和态度，所以讲故事的时候，我们要使讲述的音调与故事的内容结合起来。比如，我们可以选择娓娓道来的方式讲故事，讲完故事表达决心的时候可以气沉丹田，让声音显得浑厚而又响亮。

要做到音调合适，讲故事者还需要注意一些小细节：说话的时候要干脆利索，不要拖泥带水；劝说他人的时候，不要用命令的语气，因为没有人喜欢被命令，你的态度一定要诚恳委婉；在传递信息的时候，一定要准备完善，不要有遗漏，或者误传；发起倡议的时候可以适当提高分贝，展现你的激情，也可以使语言更有力度。

2. 把握说话的音量

在物理学上，高分贝的声音被称为噪声，它会对人的心灵产生巨大的污染。在平时生活中，一个人说话声音过大，很可能让人反感，人们会认为他在装腔作势或者是色厉内荏；但是声音太小也不讨人们喜欢，这样会让人听着费劲，让人心生可怜，觉得他是一个怯弱的人。

由于讲故事者所处的环境不同，听众所处位置的远近也有差异，因此在讲故事的时候，讲故事者一定要选择与环境和场合相适应的音量，最好以让每个人都听清楚又不让人生厌为原则。

3. 适当添加声效

讲故事的目的，就是要使听众看到、摸到、闻到你的故事，这样他们才会有身临其境的感觉。

杰·奥卡汉是一个为故事添加音效的高手。他在讲故事的时候，描述到刮风的情景的时候，他会鼓起腮帮，噘起嘴，模仿大风吹过的声音。

在一个人的时候，你也可以模仿各种各样的声音，比如模仿某个夜晚的电闪雷鸣，模仿清晨的一缕微风，还可以模仿充斥着各种动物叫声的广袤而充满活力的草原。

给你的故事增加声音的元素，能够使故事变得妙趣横生。

比如，当你发出"嘀嘀"的声音的时候，听众脑海里自然会浮现出卡车倒车的声音，可能还会想象出拥堵的繁华路段；当你上下牙碰撞时，听众就会感觉到一阵寒风扑面而来；在夜深人静的时候，忽然响起吱吱呀呀的开门声，顿时让人不寒而栗；在办公室里，临近的格子间里传出打游戏的声音，可以立马让听众联想到某个熟悉的场景或者产生类似的情绪；等等。

至于公交车司机踩刹车的声音、警笛声、婴儿的哭声、狗叫声、关电脑的声音等，这些都是大家耳熟能详的声音。只要讲故事者一提起，听众的脑海里自然就会响起这样的声音。

第八章

超强故事力，让你的职场、社交更顺畅

我们的生活无时无刻不被故事包围着：平时看的电视剧、电影在向我们讲故事，各种各样的新闻在为我们讲述真实的故事，无处不在的广告在向我们讲述产品的故事，等等。

我们要将自己的产品、想法推销给别人，我们也要给别人讲故事。不管是日常生活中的社交，还是职场生活中的沟通，都需要我们培养出超强的故事力，从而更好地影响别人，实现自己的目的。

销售场上，故事为王

很多销售人员都知道，大多数顾客的消费在绝大多数时间里都是冲动型消费。因此，冷冰冰的产品展示和实用性讲解，很难吸引顾客的目光，也难以留住消费者匆忙的脚步。

其实，我们只要稍微留意就会发现，在优秀设计师的眼中，他所设计的每一款产品都不是冷冰冰地等着被顾客挑选、购买的物品，而是一个个被赋予鲜活生命和精彩故事的作品。

因此，只要销售员将产品的鲜活生命和精彩故事演绎出来，让顾客打心里喜欢这款产品，顾客就会心甘情愿地购买，这款产品也一定会成为热销产品。

其实，在现实世界中，那些人们耳熟能详的品牌或者商品，无一不是在故事营销过程中获得了巨大的成功；那些取得巨大成功的名人，一定会有一个或者多个高潮迭起、被人们铭记的故事。

比如，只要提到某企业用了8年的时间研制出了Windows NT系统，所有人都会立刻想到这里所说的企业是微软公司，并由此联想到其总裁比尔·盖茨；只要一说到"不录取没有勇气面对失败的售货员"，我们就会立刻想到松下电器和其创始人松下幸之助。

因此，当我们销售产品的时候，我们一定要为消费者编织一个结构、长短都适合的、吸引人的故事，让他们对产品故事或者某一个片段铭记在心。

那么，我们究竟该如何编织一个充满吸引力的故事呢？

有关专家在做完市场调研后，总结出优秀的销售员常用3种方式来讲述产品的故事。

1. 转述产品自身的故事

这是一种最常见的讲述产品故事的方式，也就是把设计师赋予产品本身的有趣的、震撼人心的故事进行转述。

这种方式不仅能让消费者完全了解产品的性能和寓意，还能大幅度提升产品的感染力，让消费者产生购买的冲动意识和欲望。

2. 编织一个故事

转述产品故事有一个弊端，那就是无法加入自己的想象，自己不能对其进行加工、润饰。编织故事的方式就弥补了上述的不足。

一位业绩突出的销售主管在培训新人的时候，这样向他们诠释店内最新引进的一款名为"浓情绽放"的产品："你们看，这款产品上的图案，像不像4朵盛开的玉兰花？"

其实，他还可以加入自己的想象，这样向顾客描述："当你走进卧室，看到这款产品，你就能想到早春盛开的玉兰花，甚至仿佛能

够闻到玉兰花的清香味。躺在上面，仿佛整个人都被玉兰花的淡雅清香包裹。你不仅有置身花海的感觉，还能勾起自己对春天所有美好的回忆……"

显然，后者的效果远远大于前者。因此，我们不要只单纯地复述设计师的灵感和创意。有时候，我们根据自己对产品的理解和感悟所编织的故事，可能比照搬借鉴来的故事更能引人瞩目。

3. 现身说法

很多人在购买产品的时候，相信"眼见为实"。只有向他们展现出满足他们需求的实际效果，他们才会产生购买的欲望。除此之外，任你说得天花乱坠，他们也不会改变决定。

优秀的销售员，善于利用自己和旁人的真实事例为产品做宣传。比如，一位销售无辐射灯具的王牌销售员是这样向顾客推销的："您看。我现在身怀六甲，还是每天穿梭在这些灯具中，你们一定非常好奇：难道我不害怕电器对孩子造成辐射，不怕灯光对我的眼睛造成伤害吗？我的回答是不怕，因为我们的灯具是无辐射、无眩光的……"

这位销售员的现身说法大大增加了产品的可信度，能够感染消费者，从而实现销售的目的。

再比如，很多商家会这样描述自己的洗衣机出色的洗涤功能："我们的洗衣机具有强大的洁净功能，它可以把任何有污渍的衣物清洗干净，上个月我们专门安排了一场针对客户的现场测试，结果洗涤效果非常好。"这样的宣传可以让消费者对他们的洗衣机产生一定的兴趣，但是这种兴趣并不强烈，也不会持久。

而有一个销售员别出心裁，讲了一个故事：

我们有一个用户，常年维修汽车，所以衣服上常常沾满了污渍，虽然用手也能洗干净，但是总是很费劲。他的母亲每天都会把他的衣服拿到河里面清洗好几遍。最近入冬了，天气开始变得寒冷，他看到母亲手上都生了冻疮，于心不忍，于是来到我们店里买了一台洗衣机。在使用过后，他对这款洗衣机非常满意。

在这个故事中，销售员并没有对洗衣机的性能泛泛而谈，而是讲述了一个刺激消费者产生更多感触的故事。平时，人们不会刻意去想洗衣服是一件多么痛苦的事情，更不会意识到脏衣服是怎样被一件件洗干净的。但是一提起母亲，人们就会自然而然地将母亲和洗涤联系起来，再加上"冬天"这个特定环境，人们更能激发出联想，他们会想到自己的母亲，想到自己的妻子，于是对洗衣服产生更多的感想，而洗衣机自然会成为他们精神需求和生活需求的一部分。

有人曾对营销故事做了一个恰当的比喻："在销售过程中，讲故事就像是做一道美味的菜，需要好的原料和厨师，但是要想让故事的味道更加浓郁，有时候则需要加入一些调料来刺激味蕾。"其实，这里所说的调料就是能够给消费者最真实的感触。

好故事让下属充满干劲

相信每一位领导者都知道积极性对工作成效的重要性，所以他们总是想方设法地提高下属的积极性。

一些领导者在调动下属的积极性方面，喜欢采取命令式的语气和方法。这是因为，他们认为领导者就应该有领导者的风范和威严，在工作范围内没有情面可讲，在指派下属做事的时候，一定要透出自己的威严。这样的管理方式固然能起到一定的威慑作用，但是久而久之，下属一定会感到气氛压抑，喘不过气来。这时，他们就会对工作产生懈怠，反而不利于积极性的发挥。其实，指导下属最佳的工作方式是激励法，尤其是故事激励法，它可以从侧面鼓励下属，从而真正使下属激发出工作动力。

一听到故事激励法，有的领导者就开始怀疑："我一没有给下属晋升的机会，二没有给下属加薪，仅靠讲一个故事，就能激励下属？光耍嘴皮子怎么行？"事实上，一些有作为的企业家和领导者已经在实践中总结出了不少行之有效的低成本甚至是零成本的激励方法，其中就包括上面提到的故事激励法。

那么，我们该怎么运用故事来激励下属呢？

1. 用故事阐述下属的业绩表现

英国女演员和诗人乔吉特·勒布朗说过这样一句话："人类所有的仁慈、善良、魅力和尽善尽美只属于那些懂得鉴赏它们的人。"在工作当中，每一个下属都希望自己能得到别人的肯定，尤其是得到上级领导的认可。

美国著名的企业管理顾问史密斯也说过类似的话："一个员工再不显眼的好表现，若能得到领导的认可，也能对他产生激励的作用。"

由此可见，领导者若能快速说出某位下属的业绩，其实是对下属的一种赞誉和褒扬，还显示了对下属的尊重，这样有利于下属扬长避短，还能有效发挥下属的积极性和创造性。认可下属的工作，对有的领导者来说非常简单。他们认为这就是一句话的事情。

其实不然，领导者最好通过讲故事的方式，阐述下属取得成功的过程，尤其要注重细节的阐述。领导者可以详细讲述下属是怎样一步一步达成目标的，要重点突出他的可贵精神。

领导对下属业绩表现的认可是激励下属工作积极性的秘密武器，但是在运用这种方法的时候，要注意认可的时效性。如果这一方法被频繁运用，则显示不出它的价值。如果只是在某些特殊场合和稍微做出成就时使用，价值就会增加。这就是说，领导在开会或者公共场合对员工的业绩表现进行阐述，可以表达出自己对下属的

认同。

2. 利用"权威效应"讲自己的故事

故事是非常有力的领导工具。伟大的领袖人物大都明白这一点，许多顶尖的CEO经常会运用故事来阐明自己的观点，说服别人接受自己的看法。其实，故事还可以被运用于激励下属的管理工作中。

有的领导者虽然懂得运用故事来激励下属，但是他们讲的通常是一些遥不可及的他人的故事，这些故事有时候并不能让下属信服。其实，要想让自己的讲话更有说服力、更有激励性，我们不妨从自己的故事讲起，说说自己是怎么做的，从而暗示下属也应该这样做。事实上，下属真的会朝着这个目标不断地改进自己的工作方法，从而使自己的工作做得更好。

究其原因，是"权威效应"在发挥作用。"权威效应"包括两个方面：一方面是人们的"安全心理"，即人们总认为权威人物的思想、行为和语言往往是毋庸置疑的，是最正确的，服从他们可以给自己带来安全感，增加说话、做事不出错的"保险系数"；另一方面，人们还有一种"认可心理"，即人们总认为权威人物的要求往往和社会要求相一致，只要按照权威人物的要求去做，就会得到各方面的认可。于是，这两种心理就构成了"权威效应"。

领导者可以利用"权威效应"做文章，讲讲自己的亲身经历，这样的故事往往更有说服力。

3. 讲讲其他员工的故事

每个人都有好胜心，尤其在与他人比较的时候。每个人在骨子里都会认为自己是优秀的，或者在某一方面优于他人，这种比较心理，往往使他们具有很强的好胜心理，为了赶上甚至超越他人，他们往往会知难而上。

基于这样的心理，领导者在向下属部署任务的时候，要善于利用"比较"，激发出下属的潜在能量，让他们敢于知难而上，完成原本不可能完成的任务，或者异常艰巨的任务。那么，领导者应该如何利用比较心理来激励下属呢？这里，我们依然可以运用讲故事的方法。当我们想要激励某个下属的时候，我们不妨讲一讲其他优秀员工的故事，以此来激励下属迎难而上。

如果领导希望下属能够圆满地完成所交代的任务，最好的办法就是激起他们的竞争意识。员工有了竞争意识，才会有超越自我的欲望，也才能超额完成任务。在现实生活中，自己周边人常常是自己的比较对象。在企业里，身边的同事往往是自己比较的对象。领导者讲讲其他优秀同事的案例，可以激发下属的竞争意识，使下属奋起直追。

当然，利用下属的比较心理的前提是要摸准下属的心理，你首先要知道他能爆发出多大的力量，然后再适当加大其工作难度。否则，难度太大，下属是无法完成工作的。

批评他人时，故事比责骂更有效

每个人都有自尊心，因此一个人在某些方面犯了错误，我们在对其进行批评的时候，要考虑对方的自尊心。如果我们在公众场合对犯错的人批评指责，对方就会感觉没面子，更有甚者，他们还会对批评者怀恨在心。所以说，我们要改变批评他人的方式。

1. 讲故事让批评更委婉

对于犯错的人，我们可以采取一些委婉的方式表达自己的不满，讲故事就是一种很好的方法。用故事引导被批评者认识到自己的错误，他们更容易接受。

一位上士讲述了自己说服下属的经历："许多后备军人在受训期间，都会抱怨理发的事情。在他们眼中，自己仍然属于普通民众，不需要像其他军人一样理发。

有一次，我奉命去训练一批后备士官，他们对于理发这件事拒不接受。按照通常的军人管理办法，我完全可以像其他教官那样向他们大声吼叫，或者出言恫吓。但是我没有那么做。

我对他们说：'诸位，我先给大家讲个故事吧。大家都知道，保罗·盖蒂是美国的石油大亨，但是许多人不知道的是，他曾经是一个大烟鬼，抽烟抽得很凶。

有一次，他出差住在一个小城市的小旅馆里，睡到半夜，他的烟瘾犯了，特别想找根烟抽，但他翻遍了全身衣兜和公文包，只找到了一个空烟盒。越找不到烟，他越想抽。于是，他穿上衣服，准备去外面的商店或者酒吧等地方买一盒烟。

就在盖蒂穿好衣服，伸手去拿雨衣的时候，他突然停住了。他开始思考：我这是在干什么？我怎么说也算是一个相当成功的商人，竟然要在半夜里冒雨走几条街，就为了买一盒烟？不大一会儿，盖蒂就下定了决心，他把那个空烟盒揉成一团，扔进纸篓，重新换上睡衣，躺回床上，带着一种解脱甚至胜利的感觉，没多久就进入了梦乡。

从此以后，保罗·盖蒂再也没有拿起过香烟，他的事业也随之越做越大，最终成为世界上的顶尖富豪之一。'

讲完这个故事，我告诉他们：'一个真正的强者，要懂得约束自己的行为，要懂得为自己的所作所为负责。你们以后都会成为领导者，现在你们怎么被领导，将来也要学会怎么去领导别人。诸位都知道军队中对于头发的规定吧？今天我就要按照规定去理发了，虽然我的头发比你们都短得多。诸位等会儿可以去照照镜子，如果觉得有必要，你们可以安排时间去理发室。'

结果，话刚说完，就有许多人去照镜子，并且按照规定去理了发。"

上面的案例中，这位上士正是借助讲故事达到了批评的目的，他通过一个故事告诉那些士官，成大事者一定要善于管控自己的行为，最终达成自己想要的结果。

2. 幽默故事让批评效果翻倍

批评是一种语言艺术。即便有时候你信奉"忠言逆耳利于行"，也要知道人人都有自尊心，要保护他人的自尊心不受伤害。我们可以通过讲故事的方法来间接地使对方意识到自己的错误。要使自己的批评效果有效，我们还可以运用一些幽默故事。

我们先来看下面的故事：

王源是一家公司行政部门的主管，公司保洁这块任务属于他的工作范畴。

有一天，他发现卫生间的洗手台上有积水，就对旁边的保洁人员说："阿姨，这上面的积水是要擦干净的。"

没想到，那名保洁人员竟然毫不在意地说："没事，一会儿又有人洗手，还是会弄很多水在上面的。"

王源有点生气，但他还是忍着，只是对保洁人员说："我先给你讲个故事吧，伏尔泰有一个仆人比较懒惰。有一天，伏尔泰请他拿一双鞋子过来，结果鞋子拿来了，上面却布满泥污。于是，伏尔泰问他：'你早上怎么没有把它擦干净呢？'这个仆人随口说道：'用不着，先生。路上都是泥污，两小时后，您的鞋子还是会和现在一样脏。'伏尔泰没有说话，微笑着走出门去。仆人这时意识到了什么，追出门去：'先生，等一下！食橱上的钥匙呢？我还要吃午饭呢。'伏尔泰说：'朋友，你还吃什么午饭。反正两小时后你还会和现在一样饿。'"

保洁人员听完后，一句话不说，默默地将洗手台上的积水擦得干干净净。

不得不说，王源是一个情商非常高的人，他没有直接呵斥、命令保洁人员，而是通过讲述伏尔泰的故事，间接地批评了保洁人员的懒惰，这起到了非常好的效果。

因此，当你需要批评别人的时候，你一定要记得给别人一个台阶，尽量用幽默故事使你的批评变得委婉有效，使被批评者既明白事理，又毫无心理压力，这样才能达到最终效果。

好故事让所有面试官都说"是"

现在找工作仅仅靠华丽的简历已经难以俘获面试官的心了，如果不能展示自身独特的魅力，则简历写得再华丽也是徒劳的。或许正是因为这一点，应聘者的面试能力越来越引起面试官的重视。

1. 讲故事是面试成功的一大法宝

在面试的时候，面试官通常会采用行为事件面试法，即通过要求面试者描述其过去某个或某些工作及生活方面的经历，以此来了解面试者各方面素质特征。它的前提是基于这样的假设：一个人过去的行为可以预测这个人将来的行为。与其他面试方式相比，行为事件面试法可以更全面、深入地了解面试者，因而这种方式越来越多地被面试人员应用。

一位任职于广州移动的人力资源经理表示，一般名企都会采用行为事件面试法，也就是说，用面试者过去的行为，推断他未来的做法。当应聘者讲述他过去的经历时，面试官常常会接着往下追问，以确认他是否具有某方面的特质，而这个特质是根据公司的胜任能力模型来确定的。

例如，某公司想要招聘一个具有创新能力的员工，就要看他在以往的经历中有没有表现出创新意识，有没有在所参与的事件中提出有创意的想法和点子。如果应聘者讲述了一个关于自己创新的故事，则面试官通常还会继续问另外一个事件，因为一个事件并不能全面反映一个人某方面的特质。面试官只有了解多个事件，从这些事件中找出共同点，才能判断这个应聘者是否真的有能力胜任所面试的工作岗位。

在面试过程中，面试者在面试官的追问下所回答的一些案例，其实就是在讲故事。

小林是一个刚毕业的大学生，没有工作经验，好不容易一个笔试通过了，面试却没有成功。他当时可是初生牛犊不怕虎，面对桌子对面的6个面试官，他自信满满，非常流利地把简历上的内容背了出来。对于面试官问询的其他问题，他回答得言简意赅，结果，15分钟的面试时间，他愣是5分钟不到就结束了，出来之后还自我感觉良好，可是没想到面试成功的人员名单中没有他的名字。和他一同面试的人中，有几个也是应届毕业生，甚至学习成绩和履历还没有他丰富，却通过了面试。

后来一打听，他才知道，那几个人在做自我介绍的时候，不仅把自己名字的典故讲了出来，还在提到自己的优点和能力的时候，不是直接自我评价，而是详细介绍自己成功的经历和做某些事的经

验，充分利用15分钟的时间向面试官全面地展示了自我，从而给面试官留下了深刻的印象。

《好好说话：新鲜有趣的话术精进技巧》一书的作者周玄毅在一期节目中，教大家在面试中如何介绍自己。他说，他曾面试过100多人，可是印象深刻的寥寥无几。在那期节目中，他讲到的其中一点，就是通过讲故事来介绍自己。他告诉大家：你要想突出自己的能力，最好的办法就是讲一些能够体现这方面能力的经历或者故事，这样面试官才能进一步了解你，并推断出你是一个什么样的人，这比你夸夸其谈，用各种词语来修饰自己要好得多。

有专家给刚毕业的学生提出这样的建议："面试就是整理你大学的故事，然后挑着讲给面试官听。放平心态，将属于你自己的故事讲好，就已经成功了一大半。"

因此，在求职面试时，用充满细节和生动情节的故事代替那些苍白无力、让人充满疑虑的平铺直叙的自我表白，会更有趣、更新鲜，更能吸引面试官的注意，从而让面试官对你有更直观的了解，产生信赖感，并留下较深刻的印象，从而被顺利录用。

2. 将平常生活中的故事讲活

有的毕业生可能有过这样的遭遇，面试的时候，面试官会说："请举一个你认为成功的例子。"而自己没有参加社团的经验，也没有过多实习经验，这该怎么办？

莉莉就碰到了这个难题，不过她巧妙地解决了。当时，她十分紧张，不知道该怎么回答，一番思索之后，她决定与面试官分享一下自己做家教时候的经历。在讲述的过程中，她加入了很多小细节，把当时的情形、自己的神态及心理变化都活灵活现地描绘了出来。没想到，这个临时想到的故事，竟然帮助她进入了第二轮面试。

最后，莉莉总结出了自己的面试经验：把平常生活中的故事讲好、讲活，能有效获得面试官的欣赏和认可。

3. 按照"STAR原则"讲故事

一个好的故事讲述者，能将一些普通的不能再普通的事情，以异乎寻常的方式组织起来，让别人产生继续听下去的兴趣，并让人记住它。在面试中也是一样。如果你的故事足够有吸引力，给面试官留下了深刻的印象，那么你极有可能因此而赢得工作的机会。

有职业顾问指出，面试时讲故事首先要讲真实的故事，如果是子虚乌有的故事，则有经验的面试官很可能会从细节中发现问题，并对你穷追不舍。

其次，要讲自己感触最深的故事，讲最能体现自己的品德和能力的故事，但这些都应与所应聘的职位有关，不能偏离这个主题。

资深的面试官在面试时往往会遵循"STAR原则"，这项原则包括背景（Situation）、任务（Task）、行动（Action）和结果（Result）。简单来说，面试者在讲故事时，要讲述在什么背景下，

遇到了什么问题或者接到了什么任务，采用了什么样的手段，最终得到了什么样的结果。

面试者可以利用"STAR原则"讲述你的故事，并告诉面试官，你从那个案例中学到了什么，如果重新有一次那样的机会，你会怎么处理。需要注意的是，在讲故事的过程中，你要着重强调自己在故事中承担的角色以及所发挥的作用，不要一味地说"我们"怎么样，而要凸显"我"的价值。

好故事让"他们"变成"自己人"

比尔·盖茨非常善于"挖人"。有一次,他想要挖戴尔的一名女高管瑞贝卡去微软工作。当时,他是这样说服对方的:

"瑞贝卡小姐,你听说过我们公司的莎莫吗(微软公司有名的"铁娘子")?有人说你就是戴尔的'铁娘子'。我想你和莎莫一定有一些相似的地方。莎莫是一个了不起的女性,她工作起来十分卖力,但是我很少能从她的脸上看到疲惫,往往只能看到热情和快乐。

"有一次,莎莫的丈夫来接她下班,让人意外的是,她的丈夫没有一丝不高兴,反而默默地在旁边为她准备红酒、牛排……我想你的丈夫也会这样做的……"

这是一个典型的将听众变成自己人的案例。比尔·盖茨猜到,尽管瑞贝卡在戴尔工作也很拼命,但是并没有幸福感。一味地和她谈那些可能对其他人相当有吸引力的薪酬、制度等,对说服这位"铁娘子"起不了作用。瑞贝卡是女性,按照女性的思维特点来与

她进行情感方面的沟通，那么极有可能将她说服。比尔·盖茨猜透了对方的心思，了解了对方的心理需求，最终成功地说服了瑞贝卡加入自己的团队。

1. 生活中的"敌对关系"

事实上，生活中的"他们"不仅仅指不同单位、不同领域的人群，大多数时候还包括那些自己看不上或者与自己意见相左的人群。我们总是会给某些人贴上"他们"的标签，认为他们是另类人，他们的言行是错误的，而自己的言行是正确的。无论他们是资深的权威人士、公务员、采购员，还是熟悉的邻居等，一旦你把他们视为"敌人"，你就容易在心理上排斥他们，甚至会想方设法说服他们。

而那些自己比较欣赏或者与自己的想法和观点类似甚至一致的人则被列入"我方阵营"，这些人通常被归类为恩人、好邻居、亲朋好友等。

在潜意识中，我们常常认为自己的敌对方是愚蠢的、顽固的，从来不去理会他们的言行有什么合理的理由，也不会去考虑他们会不会认为我们是愚蠢的、顽固的或者是自私的。

在生活中，我们常常听到这样的评论："你不知道我在跟一个什么样的人打交道……"接下来的话肯定是对"那个人"进行"妖魔化"的描述，一条一条地罗列"那个人"的"罪状"，似乎"那个人"身上根本就没有优点。比如，如果"那个人"是一个CEO，人们会将他描述成一个自私得不可救药的精英，还会详细讲述他为了利益而不择手段的案例；如果"那个人"是一个普通人，人们会将他描述成一个愚蠢、懒惰、贫穷的人，认为他不想工作，总是想不劳而获。

2. 大多数人都是"两面人"

这个世界上确实有一些邪恶的人，一些懒惰的人，对待他们，我们有时候只能采取具有敌对性质的控制和强制的方式。

然而，在生活中，被你"妖魔化"的人十有八九是"两面人"，他们既有邪恶的一面，也有好的一面。

比如，看似无情的劳工谈判代表会在深夜辗转反侧，反思自己白天所做的事情是否正确、是否合理；高高在上、无比自大的销售经理开除了不能完成销售任务的新员工，他在私底下也会感到非常痛苦；由于遭受挫折和无法找到工作的意义，冷漠的经理同样会在午饭餐桌上发呆，迟迟不愿走进办公室。

再想象一下下面的困境：

环保人士反对军队在他们的社区安置化学武器焚化炉，他们将这支军队归为敌对的一方，认为这些坏人冷酷无情，不顾社区的安危，想做什么就做什么。而那些军人却感到很无辜，他们必须处理化学武器，因为要履行国际条约，并且认为焚化的过程是完全安全的（这些军人的孩子也住在这个社区）。这些军人将那些环保人士视为激进分子，视为反派，并且认为他们没有大局观。

因此，想要触碰和激发人性善良的一面，你就不能过多地关注邪恶的那一面。如果你换个思路，尝试着在一个故事中将以前那些敌对的人划入你的圈子，你就会发现，那个无法理解、不愿改变和不懂倾听的人，正是你自己。

3. 讲故事可以将"他们"变成"我们"

讲什么样的故事才能改变那些不情愿、不关心、不积极的人群呢？津巴布韦的一则故事或许对我们会有一定的启发。

一个男人的小舅子是一位盲人。这个男人常常和小舅子一起打猎，他惊奇地发现，小舅子虽然看不见，但是他能感受到鸟的位置，可以感知到水流的方向，还能在野猪靠近他们的时候听出危险的声音。

有一天晚上，他们设置了两个陷阱，这个男人用枯树枝和落叶将自己的陷阱掩饰得很好，但是没有给小舅子的陷阱做掩饰，认为他"反正看不到"。

他们去检查陷阱的时候，男人发现自己的陷阱里有一只灰色的小鸟，而小舅子的陷阱里有一只颜色如同彩虹般的鸟，他认为自己的妻子肯定喜欢，就把两只鸟做了调换，把那只灰色的小鸟递给了小舅子。小舅子摸了摸鸟，小心翼翼地将小鸟放入口袋。

在回家的路上，他们谈论起了之前和邻居之间的争执，男人问："为什么人们之间会发生争执呢？"

小舅子话中有话地说道："因为他们做了像你刚才对我做的事情。"

这个男人听出了小舅子的话外音，羞愧极了。他从口袋里掏出那只漂亮的小鸟，递给了小舅子。

"对不起，兄弟。"他说。两个人沉默了一会儿，男人又问："人们怎么能再次成为朋友呢？"

小舅子微笑着说道："做像你刚刚对我做的事情就可以。"

可以说，这位盲人的回答很有智慧，道出了人与人之间相处的道理。可见，多讲体现这种道理的故事，我们很可能就会打动那些"敌人"，将"他们"变成"自己人"。

用故事搞定5种难缠的人

当我们想要用故事来影响或者改变那些不情愿、不关心、不积极的人时，他们的情绪反应无外乎5种：吹毛求疵、愤恨、嫉妒、绝望和贪婪。要知道，这些都是正常的情绪反应，正是它们造成了听众对你所讲的故事产生抵触心理。

因此，我们所要做的就是寻找一个有针对性的故事，用这个故事与听众建立起稳固的联系，从而改变他们的关注点，这样，他的想法可能就会因此而改变。

1. 吹毛求疵的人

吹毛求疵的人总是能看到他人的缺点，哪怕是细微的毛病也能发现。当我们想要影响他们的时候，他们首先会对我们的诚意、我们的能力，甚至我们传达信息的资格产生怀疑。在这种情况下，我们就需要讲述一个能够证明我们的诚意、能力和资格的故事。

那么，什么样的故事才能实现这个目的呢？

通常来说，吹毛求疵的人对别人好的意图总是具有"免疫力", 他们需要证据来证明你在行动上也是出于好意, 这样他们的顾虑才会慢慢打消。要说服他们, 亲身经历的故事当然是最好的, 这可以给吹毛求疵的人提供充分的证据。

2. 愤愤不平的人

这个世界上到处充满着不公平。标准化就意味着那些本应该获得更多的人得到的却很少, 而那些本应该获得更少的人得到的却很多。那些福利制度、预算系统、奖励机制和业绩监察体系总是能给一些人带来不公正感。如果人们长期对此视而不见, 就会更加助长这种不公正感的存在。

任何带来不公正感的体制都会招致憎恨。如果你想要影响那些总是愤愤不平的人, 你就可以给他们讲一个故事。他们想要的往往不是更好地理解那些体制、制度, 我们不需要摆出更多的事实和道理来对他们进行更清楚的指导, 以及进行可视化的讲述, 所需要的仅仅是消除他们的憎恶情绪。

3. 心怀嫉妒的人

上面提到"任何带来不公正感的体制都会招致憎恨", 其实这些体制还会让人心生不满, 产生嫉妒的情绪。

比如, 某企业运营部副总裁嫉妒市场部副总裁的业绩, 当被问到"当市场部遇到困难的时候, 你为什么不出手帮一把呢", 他从来不会正面回答"他更受CEO的青睐, 对于这点, 我很嫉妒", 他

只会给自己一个非常合理又理性的借口"我很忙"。

当他说这句话的时候，我们从他的语气中就能听出一些端倪，他还可能会酸溜溜地来一句："他还需要帮助吗？"不管谁听到这句话，都能听出其中的深意。

其实，不管在任何团队，最后胜利的人总是要面对感觉自己受到了不公正待遇的另一方，结果双方没有一个赢家。我们与其告诉受到不公正待遇的一方"你要明白……"，不如给他们讲一个故事。

印度有一个这样的故事：

两只水獭在为争一条鱼打架，它们互不相让，都认为自己应该独食这条鱼。这时，一只豺出现了，它主动提出要帮助水獭们解决争议。

这两只水獭都对目前的僵局感到苦恼，于是同意了豺的建议。

结果，豺将那条鱼分成了3份，鱼头给了一只水獭，鱼尾给了另一只水獭，自己却留下了最为肥美的鱼身，因为豺是"裁判"。

像这样的故事能够给有争议的双方以更大的视角，让他们从狭小的圈子里跳出来，看到长远的利益。

4. 绝望的人

生活在复杂的现代社会，精神压抑几乎成了一种通病，人们常常会感到沮丧、失望、无助，甚至绝望。这些负面情绪常常吞噬着人们的心灵和精神。

史蒂夫·沃斯是纽约市一家医院的精神科主任，他通过一个故事来告诉人们"不管恐惧有多大，希望总是更大"。这个故事就是1955年蒙哥马利发生的公交车抵制运动。

1955年，在亚拉巴马的蒙哥马利，种族隔离制度森严。法律规定，黑人只能用指定的水龙头喝水；在公交车上，如果黑人坐在了白人的座位上，就会以"侵犯公交车司机"的罪名被逮捕。

有一天，一个体重不足100斤的女裁缝罗萨·帕克斯乘坐公交车，由于脚疼，她坐在了白人的座位上，结果被逮捕了。

这个事件充分暴露了司法的不公正，也暴露了公交车座位安排制度的荒唐。很快，人们发起了一场公交车抵制运动，再加上一位26岁的刚毕业的神学院学生马丁·路德·金的努力，这场运动取得了最终的胜利。

史蒂夫的故事告诉我们，我们永远不知道接下来的哪一个行动会带给我们渴望的改变，因此，我们要积极面对每一次的决定，说不定某一个选择就会给我们带来惊喜。

5. 贪婪的人

贪婪的人，就是那些最不愿意、最不关心、最没有听你讲故事

的人，除非你拥有他们想要的东西。

消除人的贪婪心理是一个深刻的心理转变过程，这需要时间。但是，说服贪婪的人，我们还是要通过讲故事的方式来实现，因为故事能让他们深思、反省，从而最终改变自己的思维方式和习惯。

第九章

讲故事有禁忌，避开"雷区"更完美

　　说起讲故事，每个人都会，但是讲故事的效果千差万别。有的人讲完故事，使数以千计的人做出改变，并因此受益；而有的人讲完故事不仅不能影响任何人，甚至还会引起对方的反感。

　　究其原因，除了讲故事的技巧有差别外，还和讲故事是否触犯了某些禁忌有关。本章将为你对此一一进行讲解。

忌居高临下——尊重让对方更容易接受

一般来说，长辈面对晚辈，父母面对子女，师长面对学生，老板面对员工，会挥洒自如、侃侃而谈，显示出自己的"高姿态"。这是因为说话者常常将自己放在比较高的位置，以俯视的姿态或者心理不自觉地抬高自己居高临下的地位。

一些初学演讲的人会为了克服自卑感和恐惧心理而故意呈现出"高姿态"，以此产生优越感，使自己不再紧张不安。

然而，一些人在与他人沟通交流时，也呈现出居高临下的"高姿态"，这样只能起到负面的效果。

譬如，那些傲慢自大的政客，感觉自己百事皆通的咨询师，动辄故弄玄虚的所谓大师级的人物，总是有意无意地将自己放在他人的对立面，认为别人都是弱势的、低下的。这些人表面看似风光，殊不知，他们无形中把自己置于孤立无援甚至是危险的境地——听众会心生反感，能静静地坚持听到最后已经算是不错的了，根本不可能心悦诚服地接受。

这是因为，不管听众是谁，他们都需要最起码的尊重，没有人能够在受到歧视或者蔑视的情况下还能真心折服。

关于尊重，有一个经典的故事：

有一次，英国维多利亚女王与丈夫发生了争吵，丈夫一气之下回到卧室，并将门锁上了。女王回卧室的时候，只好敲门。

丈夫在卧室里面问："是谁？"

维多利亚女王高傲地答道："是女王。"

没想到丈夫没有给她开门，甚至没有发出任何声息。她只好再次敲门。

丈夫在里边又问："谁？"

"维多利亚。"女王答道。

丈夫在里边还是没有一点动静，女王只得再次敲门。

丈夫又一次问："谁？"

女王这次学乖了，温柔地回答："你的妻子。"

她刚说完，门就开了。

在这个故事中，维多利亚女王将自己的称呼从"女王"改为"维多利亚"，再改为"妻子"，维护了丈夫的尊严，也最终让丈夫接纳了自己。

女王尚且如此，我们在日常交际中讲故事的时候，更要摒弃居高临下的态度，充分考虑听众的感受和尊严，让听众能够感受到你对他们的尊重。

　　林肯总统不仅是一位出色的政治家，还是一位善于讲故事的演说家。在平时与内阁成员的交谈中，他常常会抽出一些时间来讲一段逸事，用来表明他的想法。在讨论重大政策和国家发展大计等严肃的会议场合，他也会以一段故事结束圆满的会议。他每一次讲故事都恰到好处，让听众甚至是与他立场相对的政客都心悦诚服。

　　林肯的讲话为什么会有如此大的魔力呢？这是因为他不仅会讲故事，而且他对待任何人都保持尊重的态度。

　　林肯曾这样说："大家夸我会讲故事，我想确实如此。我从长期的经验中了解到，普通民众终日劳碌，举一个容易理解而又幽默风趣的例子，比用别的任何方式更容易影响他们。

　　一个贴切的故事，可以减轻拒绝或批评所造成的尖锐刺激，既达到谈话的目的，又不伤感情……

　　我不是一个专门讲故事的人，但我把它作为一种缓冲剂，避免不必要的冲突和烦恼。此外，更重要的是，无论对方是谁，我都要让他感受到他与我是平等的，甚至更高的被尊重感。"

　　不仅如此，林肯的秘书将他的谈话归结为以下几项原则，这些原则凸显了尊重在交际中的重要性。

　　原则一：在与人见面之前，不管自己的心情有多糟糕，情绪有多低落，都要尽量克制，以免将别人当作"出气筒"，给别人留下不好的印象。

原则二：在和人交谈时，语言要简洁，态度要亲切，不要在他人面前表现得十分优越，以致使人产生疏离感，而要给人一种和你相识很久的感觉。

原则三：一定要记住，幽默是一种说服他人的重要方法，但是在说服的时候切记不要对听众有一丝嘲笑的口吻和轻蔑、藐视的眼神。

原则四：列举那些浅显、幽默的例子，比什么统计数据都有用，都更有说服力。可以适当地自嘲，但是千万不能拿他人的不快或者某方面的缺陷做隐喻。

原则五：利用简单的故事来说明观点，常常能避免冗长乏味的辩论和费力的解释，千万不能糊弄别人，因为任何人都比我们想象的聪明。

原则六：贴切的故事可以减轻听众拒绝接受或者强烈批评造成的尖锐刺激，不仅能达到谈话的目的，还能不伤人自尊。

原则七：在私下交谈时，委婉地指出对方的不足，比任何其他方式都能赢得对方的真诚对待。

林肯总统的这些谈话原则，值得我们每一个讲故事的人借鉴和学习。我们在生活中，不管想要达到什么样的谈话目的，首先要做的都是避免表现出高高在上的傲慢态度。毕竟，人人都是平等的，没有谁比谁高一等，只有相互尊重，才能赢得彼此的好感。

忌自相矛盾——前后一致才能说服他人

小时候我们都听过"自相矛盾"的故事：

从前，有一个楚国人卖矛和盾，他高高举起手中的矛，大声吆喝道："大家快来看啊！我卖的矛是世界上最锐利的矛，即使是世界上最坚硬的盾，也能一下子刺穿。"

大家对他的话半信半疑，没有人理会他。见此，他就收起了矛，然后拿出一块盾牌来，继续吹嘘："你们快看，我的盾坚固无比，即使是世界上最尖锐的矛，也不能刺穿。"

围观的人们都听出了他话里的破绽，对他嘲笑一番后，纷纷散去。只有一个小孩站在那里，他指着这个人手中的矛和盾说："叔叔，如果用你那锐利无比的矛刺你那坚不可摧的盾，结果会如何呢？"

这个人听完，顿时满脸通红，支支吾吾说不出话来，然后慌慌张张地收拾好自己的东西，灰头土脸地逃走了。

　　这个故事向我们传达了这样的寓意：无论说话还是做事，都不能前后矛盾。但是，现实中，说话颠三倒四、自相矛盾的大有人在。

　　事实上，那些说话前后不一的人，往往对自己的观点并没有多大的信心，不是说话时轻言细语，就是在被他人质问几句后开始动摇，怀疑自己的观点和看法是否正确，呈现出一种"墙头草随风倒"的态势。

　　2000年，美国总统大选，布什最终战胜与他竞争到最后的候选人艾伯特·戈尔，成功就任美国总统。《新戈尔攀登顶峰》一文对戈尔演说中前后不一的"特点"进行了详尽的分析和描述：

　　戈尔从政，可以说是迫于家庭压力的选择，他其实是厌烦政治的，一心只想当一名自由自在的"无冕之王"或者超然的神职人员，但是他又是一名孝子，不愿看到父母失望的眼神，所以最终还是选择了追随父亲的足迹，踏入政坛。

　　也许正是由于戈尔的政治抱负大多是来自家庭的压力，或者是他天生一本正经和引人向善的个性与政治投机和现实主义格格不入，他的内心和行为常常处于矛盾和冲突之中。

　　但是为了迎合政治，他常常不惜牺牲自己的原则和本色，这就使得他成了一个前后矛盾的人，时常出尔反尔，有时还会呆板吹嘘。

　　所有这些都导致了他政见方面的摇摆不定或者言行不一：

　　"他为姐姐过度吸烟早逝而对烟草深恶痛绝，却为竞选而迎

合烟草商；他是美国政界少有关注地球变暖与环境问题的环保人士，却为选票不惜向污染企业妥协……"

对于戈尔在2000年竞选总统时的演讲，他的一位竞选助手忐忑不安地说："他很少提及烟草，因为他担心会被人们说成是种烟草的农民；他也很少涉及环保问题，因为他担心人们会拿他所写的书来反驳他；他从不谈及自己的长期搭档——前总统克林顿，因为他担心选民不会认同克林顿的作风。"

即使这样小心谨慎，戈尔的自相矛盾还是让竞选对手看出了破绽。对手抓住把柄，使得很多选民因此而倒戈。

有时候，你的讲话可能在一开始吸引了所有人的关注，他们全神贯注地听你讲故事，但是越到最后，他们越开始提高警觉，甚至怀疑你并不相信或赞成自己的观点。如果在讲故事的时候出现前后矛盾的现象，以己之矛攻己之盾，那么，最后得出的结论必然与自己的初衷背道而驰，结果只会闹出"牛头不对马嘴"的尴尬笑话。

有时候，讲话者的观点前后一致，但是所选用的案例不能佐证自己的观点，如选错案例，也会造成讲述者和听众之间的误解，出现自相矛盾的现象。因此，在用故事阐述一个主题或者真理的时候，我们一定要选择有针对性的恰当的故事。关于这一点，我们需注意以下几点：

（1）讲述者要确认所要阐述的主题是自己内心最真实的想法，并坚守自己的信念。

（2）选用故事的时候，要确定故事的寓意符合所要阐述的原则或者理念。

（3）讲话前要做好充分的准备，以确保所有理论性的陈述都与故事的主题及所要表达的观点一致。

（4）不管对方提出什么样的疑问或者想出任何方法来证明他的观点的可靠性，我们的思想都不能受他左右，而要始终坚信并守护自己的观点。

忌说话太绝对——给人希望，故事更具影响力

不管是谈古还是论今，抑或是对人和事进行未来发展的预测，太过绝对的言论和评价，都会给人故弄玄虚的感觉。

就像有的媒体动不动就鼓吹专家怎么说，结果事实的走向与专家的意见相差甚远，甚至完全颠覆了专家的观点。专家的"绝对"观点被"事实"撼动，让人不得不怀疑专家的专业水准。有的人甚至怀疑专家的道德水准，认为专家拿了别人的好处，在替别人充当吹鼓手。

因此，不管那些人说得如何天花乱坠，吹得如何神乎其神，听众也不为其所动，只会冷眼旁观，以一种审视的眼光观察他的言行，弄清哪些是符合道义的，哪些是夸大其词的，哪些是捕风捉影、添油加醋的。

在现实生活中，不乏这样说话过于绝对、言过其实的人。

例如，一个雇员非常严厉地挖苦："这个世界上已经没有好的领导了。"他似乎走入了一个心理误区，不相信这个世界上还有好的领导，这种失望的情绪让他感觉自己已经无力去影响别人了。

当有人让他讲一个他曾认识的好领导的故事时，他描述了一个正直诚实的好领导的形象，这位领导刚正不阿，即使面对"不顾道德伦理、一切以不惹麻烦为办事原则"的压力，他还是会顶住压力，执行自己认为正确的决定。在他的讲述中，这位领导从未屈服过任何压力，不管遇到多大的阻力和困难，他都会坚持自己的原则，做正确的事情。

这位雇员在讲述到那类令他感受到希望的领导者的时候，声音和神情都在逐步改变，人们可以感受到，他在慢慢回忆自己与那位领导者交往的点滴的过程中，整个人都显得神采奕奕，似乎从失望和迷茫中恢复过来。相比之前他说出"这个世界上已经没有好的领导了"这句话的时候，完全是两副神情。

可以说，那位好领导是他的精神向导，回忆那位精神向导可以让他重获希望。但是，他要想一直像这样充满希望，则需要一直有这类好领导的故事进行鼓励，直到自己也成为一位好领导。

因此，我们讲故事，一定要讲那些充满希望的故事，这样才能深刻地影响其他人，帮助他们重拾希望和梦想。

用我们心中的希望去点燃他人心中的希望之火，这就是那些精彩的故事能够深刻地影响他人的关键。有的人讲的故事之所以不能影响到别人，无法取得预期的成效，其中一个最普遍的原因就是他们自己丧失了希望，以致他们讲述的内容同样让别人看不到希望，听众自然无法受到激励。

当讲话者以这样一种消极、负面的情绪来讲故事时，所讲的故

事就不是发自内心，甚至有时候还会变得冷酷无情。而冷嘲热讽和冷漠无情是燃起希望最大的敌人。

尽管大多数人讲故事的初衷都是为了影响别人，并说服他们接受自己的观点和看法，然而，要想真正影响别人，就要给他们希望，一种可以通过自己的努力去争取并能实现的希望。用自己心中的希望，挖掘出他人内心的潜在力量。太过绝对的话，反而会让人们在第一时间对你产生抵触和反感，你要影响和说服他人的目的就无从实现了。

忌自说自话——要站在对方的立场上讲故事

一直以来，百事可乐的广告都是以一连串新鲜有趣的故事来塑造一个和善、顽皮、恶作剧的"弄臣"形象，大开可口可乐的玩笑。

百事可乐的故事内容始终极尽滑稽调侃之能事，但是从不过时，大受欢迎。从最初的"百事挑战"，到"F4+古天乐魔幻版"，再到南非世界杯期间的"足球明星在非洲与原住民之间的无边界足球大战"等，每一次广告都赚足人们的眼球，牢牢抓住百事可乐迷的心。

百事可乐的广告之所以能够一次又一次取得成功，并不仅仅因为它的新奇，而是因为百事可乐能够认清它的诉求对象，并且迎合了消费者的胃口。

对于这一点，百家讲坛名人易中天教授有深切的体会，他知道自己的故事不是讲给那些专业人士听的，而是讲给那些对历史或者对历史上的某个人物感兴趣的人听的，他的听众可能是刚接触历史知识的中小学生，也可能是年轻的上班族，他们对历史的记忆大多是从历史书、老师或者电视剧等处得来的。易中天知道，只要牢牢抓住这些听众，获得他们的认可，他就成功了一半。

也因此，易中天教授成功地成为一代人心目中的文化偶像。

由此可见，我们在讲故事的时候，应该从对方的立场出发，考虑对方的需求点，把对对方有利、有害的事情都融入故事中，这样故事才更有说服力。

人们常说："当局者迷，旁观者清。"我们讲的故事是好是坏，听众最有发言权。为此，我们在讲故事的时候，不妨变换一下角度，以对方的视角来重新审视自己的故事：自己的故事是不是冗长啰唆，让听众感觉浪费时间？故事是不是听起来无聊乏味，让人昏昏欲睡？故事是不是庸常至极，让听众没有收获？

那么，怎么讲故事才是真正的站在对方的角度实现自己的目的呢？只要遵循下面3个流程就可以了。

1. 要有同理心

讲故事要有同理心，是说讲故事的人要具备站在对方的角度思考的能力。同理心是讲好一个故事的关键，也是重要前提。如果你不知道你的诉求对象心里想的是什么，你就不知道怎么对他们讲故事，更不用说获得他们的认可了。

下面，我们来看一则经典的广告故事：

有一个少年，每天晚上都熬夜偷偷在墙上涂鸦。每次少年回到家，母亲都对他失望至极。母亲认为他不务正业，常常恨铁不成钢。

然而，有一天，这位母亲拉开窗帘，才恍然大悟。原来，这个少年彻夜不归，是为了身患重病、卧床不起的妹妹。他熬夜画出来的一墙涂鸦，就是希望重病中的妹妹有活下去的勇气。

母亲感动极了，她红着眼睛，满含热泪，充满感激地说："谢谢！"

这个故事的细节把控非常成功，在其中巧妙地融入了一个逻辑悬疑，当听到"每次少年回到家，母亲都对他失望至极"的时候，听众也会觉得这个男孩真是少不更事。然而，故事的情节却急转直下，说出了男孩整夜涂鸦的原因，这一下子戳中了人们的泪点，同时与前面的故事情节形成了鲜明的对比，听众的情感立刻变成对少年的敬佩。此刻，这个故事已经完美地走进了听众的内心。

好的故事其实就是这样，能够让听众的立场不断转换。

2. 要有故事线

这里所说的"故事线"，其实指的就是故事展开的逻辑。

每一个故事通常都有一条脉络，也就是故事线，包括故事的开场、发展、高潮、结局几个部分。当然，在现实中讲故事的时候，我们并不一定完全按照这条故事线来讲，而是要根据情景、人物等的变化对故事线做出一些改变。

故事线的作用是牵着对方的思路走，让听众根据你所讲故事的逻辑渐渐走进你的故事。若要站在对方的角度讲故事，这条故事线

就显得格外重要了。因为，只有把握住了故事线，对方才能感受到作为"故事主角"的氛围，从而潜移默化地接受你的故事，这就是用故事说服对方的过程。

3. 要有全局观

故事的全局观指的是讲故事者要具备看到所有信息及其之间联系的能力。换句话说，讲故事者在讲故事的时候，要将当前的种种变化与自己的故事联系起来。

在讲故事的过程中，我们常常需要分析一大堆信息，然后厘清它们之间的内在联系，从而梳理出一条完整的故事线。因此，在梳理出完整的故事线之前，我们有必要将所有相关的信息"平铺"在自己面前，寻找它们之间的内在联系。这和侦探在破案之前分析案情是一样的，他们在分析案情的时候，也是常常将与案情有关的照片和文字都贴在墙上或者黑板上，以便分析案情，推测出更多的可能性。

要想站在听众的角度讲故事，我们也需要具备这样的能力。有了这样的全局观，我们就能知道如何布局和规划故事，知道我们的故事中可以加入哪些因素和条件，了解哪些对听众有利，哪些对听众不利等。

根据上面3个流程讲故事，我们的故事就能以听众为主，并能站在对方的立场上表达自己的想法，实现自己的目的。

第十章

实战演练，教你成为会讲故事的人

讲故事不能只停留在理论层面，我们只有不断地练习，才能讲出吸引人的好故事。为此，我们需要通过各种渠道收集故事素材，并将其进行分类，存储在自己的大脑里，在合适的时间、合适的场合将其讲出，使其发挥出应有的作用。此外，我们还要注意倾听。倾听是讲故事之外的艺术。通过倾听，我们可以获取更多有价值的信息，从而更有针对性地讲故事。

故事从哪里来

一些人在说服别人的时候，常常会遇到"寻找故事素材"的难题，他们认为自己的人生过于顺遂和平凡，没有可供选用的特殊事件，就连周边的人也都非常普通，因而找不到故事素材。

其实，生活中任何一件产生感情或者由感情引发的事情都可以成为一个故事。可以说，生活处处都是故事，我们需要做的就是从阅读、观察真实事件中获取灵感并创造属于自己的故事。

为此，我们需要做到以下几点。

1. 发现身边的故事

其实，生活中的故事并不像有些人说的那样平淡无奇，有时候，甚至比小说中的情节还要精彩。许多名家名作的素材都是来源于生活的。不管是有趣的、新鲜的事，还是悲伤的、黑暗的事，都可以成为创作的源泉。对讲故事者来说，同样如此。

蒲松龄在创作《聊斋志异》的时候，感觉文思枯竭。在稍事休息的时候，他忽然想道："一人肚里一条计，三人肚里一本戏"，我何不多问问大家呢？于是，他来到一个十字路口的大树下，铺上苇席，煮上一锅绿豆汤，招待过往行人。他虽不收行人的金钱银两，但是诚心邀请他们讲一个新鲜、奇特的故事。就这样，渐渐地，他文思泉涌，写就了巨著《聊斋志异》。

生活中每天都会上演各种故事，我们要善于把握，这不仅是为了构思素材，更能体验生命中的种种感动，而丰富的情感体验也是讲述故事所必需的。

一个闭门造车的人是难以制造出车辆来的，只有看见过车辆、认识了车辆、了解了车辆，他才能制造出属于自己的车辆。讲故事的过程和这个过程是相似的。只有在平时生活中多多积累素材，我们讲起故事才能脱口而出。

2. 阅读积累素材

被评为2016年最佳微小说的《风投》被金融界人士屡次引用，故事是这样的：

古代有一个小姐，遇到一个上京赶考的落魄书生避雨，发现其很有才华后，于是掏出一些银两，并以身相许。

次日小姐垂泪送书生："君若高中莫负妾身。"书生发誓后走了。小姐让丫鬟把书生的名字记录在册，丫鬟说："这已经是第五十个书生了！"小姐说："没办法，总有一个会真的考上的。"

这个段子引起人们广泛热议。更有人根据自己的意愿，为书生和小姐设计了不同的选择和遭遇，从而演绎出"融资""泡沫""对冲"等多个概念的隐喻故事，而这些故事又被广泛传播。

不得不说，阅读是发现故事素材的最简单、最有效的方式。通过阅读，我们可以积累越来越多的故事素材。

在阅读之后，我们头脑中形成的是一种关于故事的固定思维模式，运用这种能力，我们可以快速搜集、提炼信息，从而使讲故事的过程逐渐由长变短、由慢变快。

大量阅读可能并不是一件令人愉快的事情，尤其是遇到严肃、冷峻的文学和枯燥的科普文章的时候。即便如此，我们也要坚持读下去，因为它们很可能会成为将来的素材，这是一个会讲故事者必须经历的事情。

因此，我们想要真正积累素材，就必须放稳自己的心态，阅读大量的书籍，不仅包括自己感兴趣的文章，还包括其他各种各样的题材，书的种类也要丰富。

3. 搜集并整理故事素材

除了阅读，我们还可以采取搜集素材的方式：从名人的演说中搜集有趣的故事，并留意他们的演说方式和技巧；从电影或者广告中搜寻与自己的讲话主题相关的小故事，直接拿来使用或者稍微"加工"一下变成自己的故事；将那些一举成名或者有着不平凡经历的人的故事当作对自己有用的素材，收集他们成功历程中的小故事，以此激励他人；借用动物身上所表现出来的超强意志力和坚定信念等行为和习性，将其编成一个个励志的寓言故事，来激励自己和别人；把自己某些成功的、具有借鉴意义的经历描述出来，别人很可能会感同身受，并从中吸取经验、感悟心得。

搜集完故事素材，我们还要对其进行分类和整理，让这些故事素材在需要被使用时"一跃而出"，适时地呈现出来。

那么，我们应该怎么对搜集来的故事进行分类和应用呢？

首先，我们要总结出所搜集故事的寓意和自己的心灵感悟。我们搜集故事不是用来"依葫芦画瓢"或者"照本宣科"，而是为了给自己一个反思的平台和空间，在阅读中有所感悟，以此不断修正自己的理念，并将这些感悟和理念熟记于心。

其次，我们要对故事进行分类。我们可以按照故事本身所属的类别对其进行分类，如将其分为寓言、神话、德育故事等。我们还可以按照故事所蕴含的哲理进行分类，将其分为心灵洗礼类、感动说教类、说服他人类、企业管理类及幽默脱俗类等。

最后，在需要讲故事时，我们先判断自己到底要运用哪种类型的故事，将故事从故事库中提取运用即可。

每个人都应学会讲6种故事

一个人要想拥有影响别人、说服别人的力量，首先要获取别人的信任。而信任需要由故事来维系。一个有意义的故事能够激发你的听众，如同事、领导、下属、家庭或者陌生人，得出和你一样的结论，使他们相信你所说的每一句话，做你想让他们做的事情。

人们更重视自己得出的结论，并且只相信身边真实发生的故事。人们一旦将你的故事当作自己的故事，你就挖掘出了信任的巨大力量。接下来，你不需要做什么，人们就会不自觉地开始和别人回忆、复述你的故事，你的影响力也就在不经意间被不断扩大。

以下6种类型的故事可以有效地提升自己的影响力，我们每一个人都应该学会讲述。

1."我是谁"的故事

当人们意识到你想要影响他们的时候，他们就会问自己："这个人是谁？"这时，你就可以通过讲述一个故事，让他们看到你最想让他们看到的那个你。

训练有素的演说家总是以一个非常有趣的笑话开场，或者给听众留下一个有趣的好印象，那样听众就会放松身心聆听接下来的讲话。

其实，比起其他形式的交流，讲自己的亲身经历更能让别人理解你是"谁"。你可以讲述你的亲身经历中不为人知的另一面。

有一些领导者喜欢用故事来描述自己的不足，心理学家将这种现象称为自我剖析。这个理论的原理之一就是，如果我足够信任你，我就愿意向你袒露我的缺点，你也应该相信我，向我说明你的不足。因此，如果一个人可以毫无保留地批判自己，人们就会选择相信他所说的话，并且认为他的其他方面同样值得信任。

总之，一个"我是谁"的故事，可以通过正面反驳而打破任何不利于自己的负面评论。

2. "为什么我会在这里"的故事

人类天生都有警惕心，总爱怀疑他人的动机。即使你动机纯良，如果你不能提前向听众做出可信的解释，他们就会猜测你的意图，从而对你心生警觉。

因此，在对听众讲他们能获得怎样的收获之前，最好让对方提前知道能从中得到什么好处。比如，如果你想要别人买自己的产品或者捐一笔钱，或是改变其某些言行，或者使其接受你的某项建议，则你自然要使人们明白你的意图，试图隐藏自己的真实意图的做法是不理智的行为。

如果你没有任何自私的意图，只是想通过帮助别人来获得精神上的满足，那么你要讲一个足以证明这个项目具有公益性的故事。

其实，你根本没有必要隐藏自私的意图，只要你的目的不是过分自私的，人们一般不会太在意的。

3."愿景"的故事

当你讲完自己是谁、有什么目的的故事之后，听故事的人最想听的就是，你能给他们带来什么好处。

的确，任何人在讲故事之前都会考虑能给听众带来什么收获，但是很多人在描述的时候常常表现得非常糟糕。很多讲话者过于注重将自己的思维转化成听众能够听得懂的语言，或者像报流水账一样陈述一个平铺直叙、苍白无力的事实。

不管如何，一个好的梦想故事总是能激发出人们对未来的憧憬。在"愿景"故事里，你要把点点滴滴编织在一起，尤其那些艰难抗争和让人十分沮丧的细节，这样才显得真实可信。

4."授人以渔"的故事

不管你是干什么的，你都希望向他人传授一些本领，比如教人们写信、设计一款软件、接电话、推销产品等。不管你想传授什么，通过故事启发他们，都会起到事半功倍的作用。

有的老师会被自己的学生气得抓狂，因为他们就是学不会。其实，老师与其干生气，还不如给他们讲一个故事，让他们明白自己希望他们学会的东西。

大多数时候，你不仅希望他们学会某些技能，更希望他们掌握学习的本领。因此，在讲这类故事的时候，最好把"授人以鱼"和"授人以渔"的故事结合起来。

此外，你还需要让对方明白为什么要学习这项技能，或者说学习这项技能有什么用处。如果那些人只是明白你让他们学习什么，却不知道为什么要那样做，他们的表现就很难让你满意。

5. "行动价值"的故事

任何价值观念如果不能在生活中体现出来，不能被实践，它就没有任何意义。

如果你想让别人接受你的某个观点或者主张，并且在生活中实践它，你就讲个能打动他们的故事吧。讲自己的亲身经历无疑是最有效的方式，或者讲讲别人的故事。故事只要足够打动人心，就能够起到相同的作用。

生活中不乏这样的故事，它们能帮助我们讲清楚某些道理，我们可以用它们来宣传"行动中体现出来的价值观"。

要想有效影响别人的观点和想法，从而改变他们的行为，我们就需要不断收集这样的故事。

6. "我知道你们在想什么"的故事

如果你所讲述的故事让听众感觉你读懂了他们的心思，他们

就会喜欢上你所讲的故事。其实，要做到这一点并不难。只要你事先做足准备工作，对你所要施加影响的对象足够了解，就能提前发现他们可能会在哪些方面对你不满意。一旦找到那些对你不利的因素，想要消除对方的戒心就不是什么难事了。

如果你是一个有一定影响力的人物，总会有人对你表示质疑，认为你看起来并不是那么可信。如果你讲述一个"我知道你在想什么"的故事，则你不仅可以打消听众的疑虑，还可以避免不必要的正面冲突。

运用此类故事的时候，其结果的好与坏完全取决于你的用意是什么。故事可以让你赢得尊重，也可以让你颜面扫地。你可以做的是，确保你讲故事的目的是良善的。

有时候，故事胜于事实

理论上，你可以对任何人讲故事，包括你的家人、朋友、顾客、上级、团队等，但是困扰你的一个首要问题就是：生活节奏那么快，哪会有人静静地听你讲故事？

这其实是一个误区。故事并不意味着多说废话，它可以被浓缩得很短，甚至短到只有一句话。要想获得影响力，讲故事是一种有效的方式，它可以大大提高你获得影响力的概率。

下面的一些例子，或许可以打开你的脑洞，帮你找到扩大你影响力的好故事。

1. 将平面形象变立体

在他人眼中，尤其是在初次见面者眼中，我们的形象往往是平面的，他们并不了解你，并可能认为你呆板、平庸，缺乏有趣的经历，根本不值得关注。如果想让别人对你感兴趣，重视你所说的话，那么你可以通过讲一个故事来弥补自己的苍白平淡，在人们的脑海里留下一个立体的形象。

事实上，讲一个亲身经历的故事，往往可以让你和你所要阐述的道理变得更加立体，更加生动有趣。在初次见面时，你不妨讲一个自己的有趣经历，这将加深人们对你的了解，给他们留下一个比较好的第一印象，接下来影响他们、说服他们就会变得更加容易。

2. 警惕空头陷阱

空头陷阱通常被用在股票方面，但是在这里，它指的是一个被刻意简化、模棱两可的问题，让人左右为难，陷入困境。当你试图影响别人时，你很可能会遇到空头陷阱问题。

比如，你倡导开诚布公的工作态度，因为这样可以提高团队的整体工作效率。这时，别人极有可能来一句："这么说，我们就应该一直讲真话了？"面对这个问题，你既不能回答"是"，也不能回答"不是"。如果回答"是"，你就会显得自己比较幼稚；如果回答"不是"，则说明自己认可撒谎这一行为，这很显然与自己所倡导的主题背道而驰。那该怎么办呢？

最好的办法就是讲一个故事作为回答，故事一方面避免了过度简化，另一方面让应答变得机智而巧妙。

3. 飞跃隧道视觉

有一位摄影师说："我的目标是让作品表现出更广阔的'极端事实'，迫使人们聚精会神地关注，甚至会看到眼睛疼。"与此相似，故事也要能描绘出一幅极端事实，通过其强大的震撼力让人们从狭窄的隧道视觉中"震"出来。

所谓隧道视觉，其实是一种否定，事实在这种否定面前几乎没有立锥之地。比如，制造业的人不喜欢接触市场，化学公司的管理者不愿听取环保人士的意见，孩子们不愿听父母唠叨交通安全，等等。这是人性使然。

面对这种情况，如果对他们讲事实，则即使你讲上一整天，也可能收效甚微。这时，你可以讲述一个生动的故事，开拓人们的视野，这样他们才能跳出隧道，跨越地平线。讲述故事的时候，你需要动之以情，晓之以理，将人们从隧道视觉中拖出来。

4. 让故事代替明说

有时候，你觉得有些事不吐不快，说出来又有些鲁莽。这时，你可以讲一个故事，隐晦地把自己想要表达的想法融入其中。即使你没有明说，对方也能领悟到你真正想说的话。

有一个部门经理，经由内部消息得知，有一位女同事可能会被开除，因为她和另外一位男同事关系暧昧。这位经理没办法直接将这个消息告诉这位同事，因为这会连累自己的上级。

考虑再三，他决定以讲故事的方式和这位女同事来谈这件事情，他将故事的主角设定为另一个公司的某一个人，那个人和同事关系暧昧，结果把事情弄得一团糟。

讲完故事，他耐心地解释说："那个人的事情人尽皆知，但是他一再矢口否认，因此他在同事中的信誉尽失。人们或许可以理解他撒谎的原因和苦衷，却无形中对他言论的真实性充满怀疑，不仅如此，人们还将对他的怀疑带到了日常工作中，势必给他造成更大的麻烦。"

最后，这位部门经理给出了自己的意见，他希望那个人能尽快诚实面对问题，把握时机，妥善处理好这件事。

故事讲完了，讲故事的人和听故事的人之间好像什么也没说，但是双方均心知肚明。后来，那位女同事主动去见老板，坦白了一切。

生活中的事情，大多数时候都没有黑白分明的答案。对于事关道德的事情，讲个故事来表明心意，不失为一个很好的选择。

5. 故事可以更好地说"不"

在很多时候，你不得不说"不"。每次你说"不"之前，对方都希望听到"是"的回答。直接拒绝显然让人们无法接受，我们不妨讲一个故事，委婉地把"不"说出来。如果故事讲得精彩，你说的"不"可能比回答"是"还要动听。

有一位老总觉得公司的设计工程师们在研发新技术方面投入了太多的人力和物力，他又不能直接否定他们为此付出的努力。于是，他通过讲故事的方式，委婉地向那些工程师传达了自己的意见。

他说："俗话说：'早起的鸟儿有虫吃。'这听起来有几分道理，但是后面的一句话就没有那么流行了，这句话是'第二只老鼠能吃到奶酪'。这是为什么呢？因为第一只老鼠被夹子夹死了。我可不想做'第一只老鼠'，我可以再等一会儿。"

紧接着，他话锋一转，开始谈论对当下的问题的一些看法："那些开发前沿技术的人们，其实在进行一场豪赌，一旦赌输，就将万劫不复。我希望，我们公司能做'一只聪明的老鼠'，善于利用手中的资源。'第一只老鼠'让别人去做吧，我们做'第二只老鼠'就可以了。"

虽然这位老总没有明确下达指令，告诉别人去做什么，但是给了设计工程师们思考问题的新角度。没有人会去选择做"第一只老鼠"，因此，工程师们倒不如改变做法，把精力放在支持现有产品上，不要把时间浪费在追求新技术上面。

好习惯，让你成为会讲故事的人

有的人对于故事、段子脱口而出，他们的大脑似乎是一个故事集，这其实源于他们平时的积累，尤其是养成的一些习惯。

习惯1：利用手机进行阅读，收集素材

当下手机已成为普及的通信工具。人们不仅可以利用手机打电话、收发信息，还可以下载各种APP软件，学习各种知识和技能。

对上班族来说，他们上班的时候可以利用手机来联系业务，下班后还可以利用碎片化的时间来阅读和学习，从而更好地发现和了解这个世界。一些读书APP的出现，把原来一本沉甸甸的书籍通过网络变成一个个简单直观的页面。有的软件能够以语音方式将书的内容播放给人们听，这大大缓解了人们看书时眼睛的疲劳，让你闭上眼睛也能"读"书。

比如，我们可以下载一个有声的阅读软件，利用碎片化的时间听书。在听书过程中，我们有任何读后感或者乍现的灵感，都可以通过一些APP记录下来，然后保存在云端。即使手机弄丢了，这些

记录也不会消失。

总之，手机的出现让我们的阅读和积累变得既轻松又高效，让我们做到了不依靠书本也能够"读书破万卷"，从而轻松地积累属于自己的故事素材。

习惯2：用好微博、QQ、微信等段子集散地

微博是一种通过关注机制实时分享信息、照片、视频的社交网络。微博的字数通常以140字为限，这样就催生了微小说体裁。

微博每天都会有各种各样的故事更新，有千奇百怪的社会新闻，也有欢乐搞笑的生活趣事。很多人因其独特的观点和故事为广大博友熟知，备受推崇，从而成为拥有众多粉丝的微博博主。

虽然我们普通人没有那么庞大的粉丝群，但是微博为我们提供了一个很好的创作平台。我们可以在微博上讲故事，用微博记录生活，同时收集别人的故事作为自己的故事素材，还可以将自己对生活的感悟和灵光一现的念头记录下来。时间久了，我们就会慢慢掌握讲故事的诀窍。

当然，我们还可以通过QQ、微信来收集故事，并通过发朋友圈的方式来锻炼自己讲故事的能力。

习惯3：学会分享

人与人之间因为分享而变得更为密切，世界的多姿多彩正是由于人们之间互相分享自己所了解的事物。尤其是朋友之间，遇到精彩的

电影、好吃的食物、好看的书籍，分享给彼此，一个小小的举动就能加深你们之间的友情。

同样，我们还可以与朋友分享自己的见闻，比如遇见一件好玩的事情，听见某人的遭遇，都可以讲给朋友听，朋友也会回馈给我们同样的信息。

在职场上，很多企业领导者都具有乐于分享的特质。分享既表现出了他们善于沟通的一面，又树立了一个友善的领导形象。同事之间分享自己的故事，能够增加彼此之间的了解，从而更好地合作。尤其是新来的员工，通过老员工所分享的故事可以更快地了解公司的制度，了解自己的工作，从而消除紧张情绪，尽快投入工作。

通过分享，我们可以获得更多的信息，听到更多的故事，这非常有助于故事素材的积累。

习惯4：收集看见、听见的故事

随着人们生活水平的不断提高，娱乐方式都在不断发生变化。一些传统的艺术形式，如相声、评书、小品等都在与时俱进。这些艺术形式常常以夸张的方式生动形象地演绎着人们生活中或者古籍、古戏中的故事，所以欣赏这些艺术作品是我们学习讲故事必不可少的渠道，也是学习如何演绎故事的极佳途径。

（1）相声。

相声是一种古老的艺术表现形式，始于清代咸丰年间，传承至今，仍然大受欢迎。著名相声表演艺术家侯宝林、马三立的相声放到现在来听，也毫不过时。

相声中包含很多对于时事的改编，这让它们变得更有趣味。我们在创造自己的故事的时候也可以借鉴这种方式。多看多听相声，不仅能积累讲话时的笑料，还能学习到各种幽默表演的技巧。相声通过说学逗唱等多种方式来表现幽默，我们则可以借助相声的讲述形式将故事讲述得更加形象生动。

（2）评书。

评书是一种历史悠久、老百姓喜闻乐见的艺术形式，内容多取材于历史和经典故事。由于故事具有特殊性，因此多听评书可以帮助我们了解历史、积累故事素材。同时，评书又是一门高深的表演形式，它兼具幽默性、审美性和思想性，将那些历史典籍以通俗易懂的方式讲述出来，内容丰富，幽默风趣。

因此，多了解评书、多听评书不仅能增强我们讲话的魅力，还能帮助我们积累丰富的历史故事，让我们的故事底蕴更丰厚。

（3）小品。

小品与相声、评书相比，更注重表演的部分，通过演员的表演，达到令人捧腹大笑的效果。一般来说，小品具有以下3个特点。

第一，短小精悍，情节曲折起伏，但是不会过于复杂。它只是一个逗大家发笑的小片段。

第二，幽默风趣，逗人发笑。小品的内容多为百姓的身边事，贴近生活，在此基础上选取另一个视角进行全新演绎，具有较强的感染力和影响力。

第三，小品常常起到针砭时弊的作用，通过展现平常的生活场景，来讽刺一些不良的社会现象。寓教于乐，这是小品的深层次追求，也是人们对小品充满期待的原因。

我们在观看小品时常常被演员的表情、动作逗得捧腹大笑，其实，若对它们稍加整理，将这些元素放进故事当中，再加上惟妙惟肖的讲述，故事就会变得非常丰富，也更加生动有趣。

倾听：讲故事之外的艺术

西方有一句谚语："用10秒的时间讲，用10分钟的时间听。"这足以说明倾听的重要性。

在现实中，倾听确实在人们的生活中扮演着一个重要的角色。美国俄亥俄州立大学的一项研究结果表明：在一天24小时的时间内，一个成年人会将7%的时间用于交流思想和叙旧，而在这7%的时间内，只有30%的时间是在讲话，45%的时间则是在倾听。这同样证明了"倾听"在人际交往中举足轻重的地位。

我们在讲故事之前通常要了解听众的所思所想，这样才能清楚他的需求，从而有针对性地讲故事。而了解听众的最有效方法就是倾听。

1. 倾听是沟通的开始

现实生活中，不管是工作、生活，还是学习，我们每时每刻都在进行着沟通，但这并不意味着每一个人都能领会沟通的真正含义。当然，善于运用沟通的技巧并能进行有效沟通的人少之又

少。而其中重要的一条沟通技巧就是倾听。可以说，倾听是沟通的开始。

关于这一点，英国管理学家L.威尔德专门提出了一个"威尔德定理"，他认为：有效的沟通始于倾听，人际沟通始于聆听，终于回答。

的确，在任何交流中，人们都无法忽视倾听。如果我们总是张嘴说话，我们学到的东西就会十分有限，了解到的真相更是少得可怜。

2. 倾听是获取信息的重要渠道

沟通是双方通过语言或者非语言来进行思想感情交流的过程，因此，在沟通中，我们不仅需要说话，还需要适时倾听，了解对方的想法，这样双方才能建立起有效的沟通。这就是说，沟通是否顺畅、是否有效，关键在于你是否悉心倾听了。

讲故事也是一样的。我们通过良好的倾听能够捕捉到许多有价值的信息，这样才能摸清对方的需求，从而讲出一个有针对性的故事。

比如，汽车销售员向客户推销一种有优先购买权的租赁方式，但是对方来一句"我最讨厌租赁"，如果销售员强行介绍租赁的种种优势，就不会获得任何好处，只会引起客户的反感。其实，这时倾听比说服更有效。

销售员可以这样询问客户："您是不是曾经有过什么不好的经历

才会有这样的感觉呢？"或者"您是不是听说了什么故事致使您认为汽车租赁不是一个好的选择？"

如果汽车销售员一直坚持多听少说，那么最后他至少可以了解到这位客户到底出于什么原因而对租赁产生不满。当然，最理想的情况是客户这样的回应："我猜你这边的租赁可能会有所不同，请说来听听！"

由此可见，倾听还可以帮助我们争取到话语权。

3. 倾听是一门学问

事实上，倾听是一门学问。我们在倾听的时候，不仅要用双耳去听，更要用心去倾听。因为在我们身边的每一个人，都是一个独特的存在，都是一道亮丽的风景。我们只有用心倾听，才能领略这道独特风景的魅力之处。假如不用心，两耳所听之声就会全是噪声。因此，我们在倾听他人说话的时候，要用心去倾听。

总之，倾听能够帮助我们节省大量的时间去揣摩对方的心理，让我们在第一时间了解关于对方的信息，找到对方的需求，讲出更有针对性、更有说服力的故事。

不得不承认，我们迎来了一个用故事成就影响力的新时代。在这个新时代里，人们的生活、消费习惯发生了日新月异的变化，眼光更加挑剔，思想更有深度。人们在做事情的时候，不再仅仅寄希望于外在的需求和理性的考察，更希望能满足自己情感方面的需求。因此，要想不被时代淘汰，我们必须学会讲故事。这不仅能增添你的个人魅力，给你带来光环，还能带给你商机和不错的前景。

其实，讲故事是一种比较古老的传递人类情感和理想的方式。一个好的故事，能够触动人们的心灵，并且吸引人们、影响人们。它激励着人们向故事中的人物的良好言行致敬、学习，并指导行为之后的结果，其宣传、熏陶的效果远远大于长篇大论的说教和张贴在墙上的大字标语、口号。

因此，会讲故事、讲好故事，已经成为情商高的代名词，也成为成功人士的重要能力之一，受到无数人的追捧。

也正因为如此，本书致力于帮助更多人学会讲故事。本书讲述了许多讲故事的理论知识，并列举成功讲故事的案例，以使理论与实践相结合。为了增强本书的实用性和趣味性，本书选取了许多典型的、有趣的故事，让读者在学习讲故事的过程中，感觉不生涩、不枯燥。

　　此外，本书融合了大量心理学方面的理论知识，更具专业性，力争让每一个人都能够真正懂得听众的心，通过故事让对方心服口服。

　　可以说，本书集实用性、专业性、趣味性于一体，是读者向高情商人士学习讲故事的教科书。

　　希望本书能帮助不会讲故事的人学会讲故事，从而提升自己，帮助别人。